代科学人

赵永新 —— 著

中国科学技术出版社

·北 京·

图书在版编目（CIP）数据

三代科学人 / 赵永新著 . —北京：中国科学技术出
版社，2019.6（2024.7 重印）
ISBN 978-7-5046-8244-4

Ⅰ. ①三… Ⅱ. ①赵… Ⅲ. ①科学家—列传—中国—
现代 Ⅳ. ① K826.1

中国版本图书馆 CIP 数据核字（2019）第 052942 号

策划编辑	秦德继　符晓静
责任编辑	秦德继　符晓静
封面设计	锋尚设计
正文排版	锋尚设计
责任校对	杨京华
责任印制	李晓霖

出　　版	中国科学技术出版社
发　　行	中国科学技术出版社有限公司
地　　址	北京市海淀区中关村南大街 16 号
邮　　编	100081
发行电话	010-62173865
传　　真	010-62173081
网　　址	http://www.cspbooks.com.cn

开　　本	710mm×1000mm　1/16
字　　数	190 千字
印　　张	15
版　　次	2019 年 6 月第 1 版
印　　次	2024 年 7 月第 3 次印刷
印　　刷	唐山富达印务有限公司
书　　号	ISBN 978-7-5046-8244-4/K·250
定　　价	79.80 元

序

真实的力量

我认识赵永新同志的时间虽然不长，但却印象深刻，有"同道"之感。交往中我能感受到：他是一位非常勤奋、敬业的科技记者。

2007年之前，赵永新主要采访环保新闻，曾在2005年第一个报道了圆明园湖底铺设防渗膜事件。2007年之后，他转到科技领域，一干就是10多年。其间，除了采写过《某国立研究所课题组组长：我只有三分之一时间做科研》等深度报道，他还发表了100多篇针砭时弊的科技短评，如《还有多少"××之父"》《莫让"零容忍"变成"零作为"》《屠呦呦获奖：一人获奖不公平吗》《别把科学家逼成会计》等，笔带锋芒、切中要害，读后发人深思、令人警醒。近两年，在完成本职工作之余，他在微信公众号"知识分子"上发表了多篇文章，如《跟班式科研，误己误国——某国立研究所所长的自白》《引进诺奖得主？别闹了》《"以帽取人""按帽论价"："帽子大战"几时休》等。这些文章在科技界引发了广泛共鸣，有的还得到中央领导的批示，对于澄清错误认识、纠正科研误区、净化学术空气等，发挥了积极的推动作用。

但是，当前段时间他转来《三代科学人》的书稿，希望我写篇序言时，我却有些犯难：书中所写的科学家，不管是钱学森、朱光亚、屠呦呦等科学前辈，还是王晓东、施一公等中年俊杰，或者颜宁、许晨阳等科学新星，此前对他们的报道已有很多，有的科学家还已经出版了单行本传记——他还能写出什么"花"来呢？

我抱着怀疑的心态翻看下去，却慢慢被吸引住了。看着看着，我脑海里跳出五个字：真实的力量。

"只有真的声音，才能感动中国的人和世界的人；必须有真的声音，才能和世界的人同在世界上生活"——鲁迅先生的这句话，道出了真实的可贵。真实，不仅是做人的基本准则，也是写人叙事的基本要求。让人遗憾的是，由于各种各样的原因，许多记者采写的科学家往往有脸谱化、概念化之嫌，让人感觉不那么真实。这就容易让读者产生审美疲劳，不愿看、不爱读，甚至对被"典型化"的科学家敬而远之。

赵永新笔下的科学家，则鲜活生动、真实感人，让人觉得可亲可近、可爱可敬。不管是好管闲事的师昌绪、富有诗意的徐凤翔，还是有股子虎劲儿的邓兴旺、上课爱睡懒觉的朱健康；无论是严谨冷峻的邵峰、朴实无华的李文辉，还是活泼率真的颜宁、沉醉于数学王国的许晨阳，读后都有如见其人、如闻其声的感觉。

这种真实感，既因为作者采访深入、观察细致、掌握了大量的第一手资料，也源自作者"让事实说话"的写作风格。我能感觉到，赵永新在描写人物时不是主题先行、从概念出发，而是从自己采访得到的丰富资料和切身感受出发，通过有趣的故事、生动的细节，用平实的语言娓娓道来。这样，他笔下的科学家就避免了概念化、雷同化，各自的音容笑貌、喜怒爱憎、性情品格跃然纸上。

同样让人动容的，是这些科学家真挚、浓厚的家国情怀。爱国，是古往今来所有中国优秀知识分子的共同底色；作为人类文明创造者和社会发展推动者的科学家群体，更是如此。正如王晓东所说："作为一名华人科学家，无论走到哪里、有多大成就，祖国还是祖国。"无论是中华人民共和国成立初期冲破重重阻挠、辗转回国效力的老一辈科学家，改革开放后出国留学、又回国创新创业的中青年科学家，还是在异常艰苦的条件下穷其一生、苦心钻研的"三无"科学家，他们都用自己的实际行动诠释着科学报国的真谛，传承着中华民族历久弥新的精神薪火。

特殊的工作性质，决定了科学家是一个相对独特的群体。不管是探究未知的知识黑洞还是求解重大的技术难题，不管是从事新药研发还是选育作物新品种，都面临局外人难以想象的重重挑战。这既需要"虽九死其犹未悔"的勇气和毅力，更需要"爱吾师更爱真理"的认知和追求，不盲从、不唯书、不唯上、不汲汲于名利。以独立思考、理性质疑、求真求实为要旨的科学精神，理应成为全体科研人员主动遵从、努力躬行的职业操守。当前，我国的科学研究和技术开发日益繁盛、科技创新与社会发展和公众生活的关系日益紧密，科技界既存在着一些久治不愈的沉疴，也面临着一些始料不及的新挑战，倡导、弘扬科学精神显得尤为重要。在这方面，书中的科学家们做出了表率，他们所发出的提醒、警示值得倾听。

从更大的视野看，科学家也是芸芸众生中的一分子。本书中所写的这些科学家，无疑都是各自领域的佼佼者。他们之所以能在各自的领域取得非凡的成就，既有各自的"独门绝技"，也有共同的"武林大法"。职业不同、道理相通，这些科学家的求学之路、治学之法、做人之则、修身之道，对各行各业的读者都会有所启迪。

值得一提的是，作者还为每位科学家挑选了多幅照片。其中，有的由科学家及其子女、单位提供，有的是作者所拍，许多照片还是第一次"公开亮相"。这些富有历史感和时代感的照片，为我们认识、了解这些科学家打开了另外一扇窗口。

实事求是地讲，这本书的缺憾也很明显。由于篇幅所限，有的只记录了科学家的某个时期或某些侧面，读完感觉不解渴、不过瘾。好在，可以看得出，赵永新积累了大量资料，好多内容没有在本书中呈现。希望他继续做"有心人"，再接再厉，今后能写出内容更全面、更丰富的作品。

以上只是我个人在读本书过程中的几点感想，写下来与读者朋友分享。有道是"仁者见仁，智者见智"，相信读者看完会有自己的感悟。

中国科学院院士
中国科协名誉主席

二〇一八年十二月于北京

目录 | Contents

大师小事

钱学森

好管闲事的老头儿

师昌绪

让人们诗意

搞科研像吃麻辣烫

吴良镛

闵恩泽

栖居

一位沉默寡言人

屠呦呦

青蒿一束展素心

徐凤翔

永远年轻的"森林之女"

朱光亚

钱学森：

大师小事

人物
小传

钱学森（1911—2009），男，汉族，浙江杭州人。应用力学、航天与系统工程学家，两院院士。

钱学森祖籍浙江杭州，生于上海。1923年9月进入北京师范大学附属中学学习，1934年毕业于交通大学（简称"交大"），同年6月，考取清华大学（简称"清华"）第二届"庚款留学"公费生，1935年9月进入美国麻省理工学院航空系学习，1936年获航空工程硕士学位。之后转入加州理工学院航空系学习，成为世界著名科学家冯·卡门（Theodore von Kármán）的学生，1939年获加州理工学院航空、数学博士学位。1943—1955年在加州理工学院工作，历任助理教授、副教授、教授以及喷气推进中心主任。

1955年钱学森回国，先后担任中国科学院（简称"中科院"）力学研究所所长、中国科学技术大学（简称"中科大"）近代力学系主任、

第七机械工业部副部长、中国人民解放军国防科学技术委员会（简称"国防科委"）副主任、中国科学技术协会（简称"中国科协"）主席、中国人民解放军原总装备部科学技术委员会高级顾问等。曾任中国人民政治协商会议第六届、七届、八届全国委员会副主席。

钱学森早年在应用力学和火箭、导弹技术等领域都做过开创性工作，为应用力学、航空工程和火箭导弹技术的发展奠定了基础。回国后长期担任火箭、导弹和卫星研制的技术领导职务，为创建和发展我国的导弹、航天事业作出了杰出贡献。在社会科学、系统科学、思维科学、地理科学、行为科学以及马克思主义哲学等领域，均进行过创造性研究。

获得的主要荣誉有：中科院科学奖一等奖、国家科技进步奖特等奖、"国家杰出贡献科学家"称号、一级英模奖章、"两弹一星"功勋奖章、"新中国成立以来感动中国人物"称号。

～～～～～～～～～～～

2009年10月31日是个周六，我本打算在家陪陪儿子，没想到天降祸事。

刚吃过午饭，就接到办公室同事打来的电话：钱学森去世了！

挂上电话，我有点不知所措。

"爸爸，你又该去办公室了。"十岁的儿子在一旁提醒我。

把孩子安顿好后，我匆匆赶到办公室，接连给科技采访室的几位同事打电话，商量、安排采访事宜。

也许是天人感应吧，第二天就下起了雪，把报社院子里红红的柿子映衬得格外鲜艳。吃过早饭，我赶往钱先生位于北京市海淀区阜成路8号"航天大院"的家中采访。下午三点左右，我赶回办公室，同事蒋建科、赵亚辉、余建斌的采访录音也都陆续整理出来了，由我进行统稿。因为是星期天，偌大的办公室里就我一个人，显得格外安静。我坐在电脑前，仔细阅读大家整理的素材，许多钱先生生前不为人知的小事，通过他学生、同事的回忆，鲜活地浮现出来……

在美国工作20年没买房

两院院士郑哲敏是钱学森培养的第二个中国博士。他回忆说："2009年9月7日是钱学森夫人蒋英女士的90岁生日，我到家里看望二老，蒋女士带我到钱学森的卧室去看他。他的精神、眼神都还可以，认出我来了，还询问起力学所的情况。"

在他看来，钱学森身上最光辉的地方是为国奉献的爱国主义精神。

1948年，郑哲敏去美国加州理工学院留学，后来读钱学森的博士。"平常和他聊天的时候，他经常说起国内的情况。他很关心祖国的状况，每周通过朋友收集中文报纸看。"郑哲敏说。

"我们很多中国学生都知道，他回国的态度一直是很鲜明的。"郑哲敏回忆道，"他在美国工作20年，一直是中国国籍，一直没有买房子，都是租房子住。1950年，他准备回国，票也买了，行李也找旅行社打包了，但却被美国当局抓起来了。"

"1955年我回国时，钱学森嘱咐我两件事。"郑哲敏说，"第一，他说经过第二次世界大战，美国军事在后勤领域发展很快，运用了大量数学和运筹学知识。中国是社会主义国家，是强调计划发展的，用得上运筹学。他要我把这个领域的信息带回来，告诉钱伟长。第二，是对我的要求：在美国拿了博士学位，回国不能太神气，做什么事不能挑三拣四，原则是国家需要什么就做什么，不要挑剔高低好坏。即使是一些很基础、很简单的研究，也要做。"

从不讲价钱，从不讲条件

"1955年钱学森历尽艰险回到北京，我去接他，他情绪很高，非常高兴！"郑哲敏回忆说。钱学森回国后担任中科院力学所所长，第一件事就是调整学科方向。原来有弹性组、塑性组等三个研究小组，都是搞纯理论研究的，与当时的国家建设关系不大。钱学森找郑哲敏谈话，说科学研究必须和中国发展建设的实际需求结合起来，要调整方向。后来，流体力学调整为和航空发动机有关的方向，并增设了化学流体组、物理力学组和运筹学组。

"钱学森既不是搞管理的，也不是搞技术的，而是搞理论研究的。回国后国家让他搞火箭，他就欣然同意，从不讲价钱，从不讲条件。"郑哲敏说。他始终记得钱学森说的那句话："回国没有什么，就是来服务的。"

"钱学森凡事都站在国家的层面，没有私心，凡事只要为国家好，就去做。"钱学森的学生、中科院院士俞鸿儒说，"他在担任中科院力学所所长的时候，在全国办了很多力学班，包括清华班、北大班、中科大班……他的观点是：全国谁搞得好，谁能干，就让谁干。"

左图1 ◀
1935年8月，钱学森登上
"杰克逊总统号"邮轮横渡
太平洋赴美留学

左图2 ◀
1939年6月9日，钱学森在
美国加州理工学院获航空、
数学博士学位

左图1 ◀
1949年，钱学森与蒋英
前往加州理工学院途中

左图2 ◀
1955年10月28日，钱学森
从美国返回北京，中科院
副院长吴有训（右一）、物
理学家周培源（左二）在
火车站迎接钱学森

左图1 ◀
1955年，钱学森回国后去
母校北京师范大学附属中
学看望学校老师

左图2 ◀
1959年9月19日，钱学森
到西安交通大学参观新校区

左图1 ◀
钱学森给中科大学生讲课

左图2 ◀
钱学森在办公室工作

上图 ▲
1987年4月，钱学森、蒋英夫妇在德意志联邦共和国留影

下图 ▼
1991年10月16日，国务院、中央军委授予钱学森"国家杰出贡献科学家"荣誉称号

下图1 ▼
钱学森的办公室里摆满了各类书籍

下图2 ▼
钱学森在家中客厅谈话

下图3 ▼
2004年元宵节，"神舟五号"航天员杨利伟探望钱学森。门口二人为钱学森夫人蒋英和儿子钱永刚

不满意苏联专家

"钱学森常跟我们说，在学习上要不怕困难，无论哪一方面的问题，只要钻进去，都可以解决。这句话使我受益终生。"钱学森的学生、中科大教授孔祥言回忆道。

1956年，孔祥言从北京大学（简称"北大"）力学专业毕业后分到中科院力学所工作。从1963年年初开始，孔祥言与朱毅麟、李颐黎、褚桂柏三人一起，跟随钱学森进修空间技术，并协助他制定我国1965—1975年的航天发展规划。

"当时航天在全世界都属于新兴的尖端科学，涉及的专业面很广，可参考的资料很少。一次钱老问我们有什么想法，我们就老实回答：'知识面不够，怕不能胜任这项工作。'"孔祥言回忆说，"钱学森听完就给我们做工作：'航天问题不外乎数学、物理、化学等专业问题，哪一方面的问题不太清楚，就去找书、找资料学习，只要钻下去，任何问题都可以解决。'这次谈话对于我来说享用终生。科研总会不断碰到新的问题，只要不被困难吓倒，就能克服重重困难。"

不怕困难，不迷信"洋人"，是钱学森的一贯风格。"我一上班就接到通知，说钱老正在医院抢救，让我们尽快到301医院去。"中国载人航天工程首任总设计师、中国工程院院士王永志几乎哽咽，"当我赶到医院时，钱老已经停止呼吸。他不能再面授机宜、指导我们了……"

王永志告诉记者，钱学森回国后不久，中央领导问他"中国能不能搞原子弹、导弹"，他回答说："外国人能干的，中国人都能干！"中央对他的意见很重视，最后就做了决定搞"两弹"。

"钱老有强烈的自立精神和民族自尊心。"俞鸿儒院士说，"他对国外的态度是，我们的条件不如他们，但我们做的事情可以超过他们。国外总体上比我们好，但不是完美的，比我们好的，我们学；不好的，我们就不学。当年苏联专家事事指挥我们，钱老就很不满意。他说：'怎么能全让他们指挥呢？他们是客人，是来给我们参谋的。'"

按年轻人的办法做

王永志从莫斯科航空学院毕业回国，进入运载火箭技术研究院工作，当时钱学森任该院的首任院长。王永志说："钱老是我的恩师，这么长一段时间一直是在钱老的领导下工作，得到了他的悉心指导和无私提携。"

1964年，31岁的王永志第一次进入发射场，参与了中国自行设计的第一枚中近程火箭的发射。当时碰到一个问题：火箭打不到预定的目标位置。许多人提议，在火箭燃料箱里再多加一点燃料。但是燃料箱的空间有限，不可能再加注更多燃料。

"我当时提了一个方法：卸一部分燃料。"王永志回忆说，"因为当时天气炎热、温度很高，燃料相对富余，干脆把多余的卸出来，这样火箭就可以轻装上阵。但多数人不以为然：'燃料本身能量就不够，怎么能再卸出来一部分呢？'"

"后来我就找到钱老，跟他讲了自己的想法。钱老听完后说，就按这个办法好了。后来一共打了三发，都达到了预定射程。"

后来，钱学森还向别人提起这件事，说："这个年轻人，很会逆向思维。"

"钱老对年轻人总是不遗余力地提携。"王永志说。第一代战略火箭获得成功后，国家开始搞第二代火箭，钱老建议让第二代航天人来挂帅，并推荐王永志担任第二代火箭第一个型号的总设计师。

"当时我只有40多岁，是比较年轻的科研工作者。而总设计师这样重要的职务，之前都是由德高望重的前辈担任的。从那个时候开始，像我这个年龄阶段的，甚至比我更年轻的人，开始走上总设计师这样的岗位。"

"钱学森有一个很重要的思想，就是'中国的科学技术发展要靠老科学家，但更重要的要靠年轻人，要靠他们敢想，中国的科学技术才能够发展'。"原航天工业部副部长刘纪原回忆说，"钱学森在主持航天工作的时候，我是一名普通的技术人员，当时我们想搞一个激光陀螺，他听说后亲自到所里来了好几次，来支持我们。"

最喜欢这件礼物

"钱学森88岁寿辰时，我给他写了个贺卡。正好当时'神舟一号'飞船发射升空，我送给他一个飞船的模型。"王永志说，"后来有一次我们几个去钱老家，钱老夫人蒋英把我们领到一个书架前，书架上正面摆放着贺卡和飞船模型，钱老摆在这里是为了天天看。他说：'我的生日礼物多了，唯有这件我最喜欢。'"

"这给我很大的触动。"王永志说，"钱老是事业高于一切的人，载人航天是我国航天事业最新的发展阶段，也是他念念不忘的事情。每次神舟飞船发射前，钱老都会问我：'准备得怎么样了？'杨利伟安全返回后，我们到钱老家，他特别高兴，说：'这是中国航天事业的一个新的高度。'"

我把科学院的"大炮们"都给你们调来了

"对我来说，印象最深的也是钱先生在教育领域的贡献。"中科院研究生院教授张瑜说。1958年由中科院创办的中科大,实行的是所系结合,即中科院多个研究所的所长、研究员同时兼任中科大的系主任、教授。钱学森亲自组建近代力学系,并担任第一位系主任。

"钱学森担任系主任不是挂名。从课程设置到教学计划,他都抓得非常具体、非常用心,并投入很大精力给本科生上课。"张瑜告诉记者,钱学森特别重视师资队伍建设,利用自己的声望把严济慈、赵九章、吴文俊等一大批科学家请来给大一的学生上课。

"他开出的教师名单,在世界上都算得上是一流的。"张瑜至今记得这一幕:当钱学森在学生们面前宣布一学期的教师名单时,脸上露出微微得意的神情。他对学生们说:"我把科学院的'大炮们'都给你们调来了。"

要记得下笔千钧

中科大的张培强教授是当年中科大59级近代力学系"固体力学"专业的学生。大三的时候,钱学森给他们讲《火箭技术概论》,上了一个学期,每周一个上午,每个上午三节课。

"当时钱老的三严——'严格''严谨''严密',在学校是出了名的。"张培强回忆说,一次一个同学的作业犯了一个小错误:第一宇宙的速度7.8千米/秒,这个学生不小心写成了7.8米/秒。钱学森平时总是笑眯眯的,很少生气,但这次他不高兴了,用了七八分钟时间专门讲这件事。钱学森语重心长地说:"你们学习千万要认真,如果现在不认真、不流汗,以后会流血的。同学们,要记得下笔千钧!"张培强说这句话自己记了几十年。

"钱学森讲课更加认真、严谨。"张培强说,"当时上课是在一个大阶梯教室,听课的有四百多人。钱老讲一口标准的普通话,声音洪亮，板书清楚。就是这样，他仍然不放心，开始上课的时候，他一边讲，一边让秘书跑到教室的最后面，看看他的板书是否看得清、听听声音是否听得见。"

"另外一件事更让我们震惊。"张培强回忆说，"一次快下课时，钱老让同学们提提意见，与张培强同届的徐建中就写了个纸条递上去。他的意见是：课后留的习题老是改来改去，这样学生们也得跟着改正，增加了负担，希望辅导老师今后注意。"

"钱学森的回答出乎所有人的意料。"张培强回忆道，"他看完纸条后说：'这不能怪辅导老师，怪我，因为习题是我出的。一开始觉得没什么问题，但后来坐在汽车上一琢磨，感到习题的条件出的不太对，就让辅导老师改一下；回到家后再仔细一想，感觉还有不太准确的地方，就又叫辅导老师修改——你们要批评，就批评我吧。'"

短短一封信，用了七个"您"

同王永志一样，孙家栋院士1958年从苏联学习回来后被分配到运载火箭技术研究院，在钱学森领导下工作。"我比钱学森小18岁，是学生，也是晚辈。"孙家栋说。

2009年4月8日是孙家栋80岁生日，钱学森给他写了一封贺信。

"钱老在这段话中每次提到'我'，都是用'您'，共用了7个。"孙家栋感慨地说，"钱老这样非常谦虚地跟我说话，对我触动很大、教育很大！"

"我今后一定尽自己所能，为我们国家的航天事业多做一些工作。"任中国航天科技集团有限公司高级技术顾问的孙家栋说。

这就是孙家栋80岁生日时钱学森给他写的贺信——

孙家栋院士：

您是我当年十分欣赏的一位年轻人，听说您今年都要过八十大寿了，我要向您表示衷心的祝贺！

您是在中国航天事业发展历程中成长起来的优秀科学家，也是中国航天事业的见证人。自第一颗人造地球卫星首战告捷起，到绕月探测工程的圆满成功，您几十年来为中国航天的发展作出了突出贡献，共和国不会忘记，人民不会忘记。我为您取得的成就感到骄傲。

希望您今后要保重身体、健康生活，做一名百岁航天老人。

谨祝生日快乐！夫人面前代致问候！

钱学森
二〇〇九年三月三日

在任何新的领域，我们都是小学生

2007年12月11日，是钱学森96岁华诞。12月10日，科技日报社举办了一个主题为"学习钱学森创新思想，培养科技领军人才"的研讨会，为一向低调的他提前祝寿。

"钱老对过生日一向低调，只是家里人简单聚聚。"在钱学森身边工作了26年的秘书和学术助手涂元季回忆道，当他把这件事向钱学森汇报时，钱学森说："向我学习，我不敢当。但培养科技领军人才是一件关系国家长远发展的大事，希望会议开得成功。"

"钱学森当时如果不能回国，我们也会发展导弹、原子弹这些尖端技术，但绝对不会这么快。"曾经与钱学森一起共事的梁思礼院士认为。

但在钱学森眼里，这些"举世瞩目的成就"，绝不是单个人所能取得的，他所干的不过是千分之一、万分之一而已。

"钱老经常说：我只是沧海一粟！"涂元季说，"在钱老与别人的书信中，他反复强调：原子弹、氢弹、导弹、卫星的研究、设计、制造和试验，是几千名科学技术专家通力合作的成果，不是哪一个科学家独立的创造。在科学上，没有什么认识是最后的。在任何新的领域，我们都是小学生。"

老师我没有全对，我这儿做错了

"大家不要以为科学精神、科学品德是虚的，没有这些，成就不了大师。"涂元季认为，钱学森从青少年时期就有实事求是的品德，对就是对，错就是错，来不得一点含糊。

他举了一个例子。在交大的时候，一次水动力学考试，教授给钱学森判了满分。但卷子发下来以后，他发现有一个小小的错误教授没有注意到，马上举手说："老师我没有全对，我这儿做错了。"教授后来给他扣了4分，并把卷子保留着，直到去世之前还说："我这儿还有一份钱学森的卷子。"

"他作为一个大科学家，总是鼓励年轻人要提出自己的见解，只要那个年轻人有一丝闪光点，不管他说的跟自己的意见一致不一致，他都很注意虚心接受。"涂元季讲了另外一件事，在20世纪60年代，那时候钱学森已经是世界级的力学大师，他的一篇论文中有个小错误，被一个在新疆某大学工作的年轻人发现了，这个年轻人抱着试试看的心态，给钱学森写了一封信，没想到钱老收到信后非常重视，很快给这个人回信："看来你是一个很动脑筋的年轻人，我非常感谢你。凡是学术论文当中的错误都得及时公开指出，以免后来人引用耽误事，所以我建议你把你的意见写成一篇论文，投给《力学报》，在整个力学界公开这个错误。"后来在钱老的推荐下，这篇论文公开发表了。

"这就是钱老做学问的品德。"涂元季说，"钱老经常讲：'我们知道就说知道，不知道的就说还有待研究，绝不能含含糊糊，因为我们写出的每一个字都是要对读者负责的。'"

为什么不把我的名字点出来

"对学术上的不正之风，乃至社会上的不正之风，钱老一贯是坚决抵制的。"涂元季说，钱学森对"一团和气"的学术空气很不满意。他批评说，大家当面都是你好我好，可是背后乱发议论，这不是搞学术的，不是发展科学的学风。

"有一件事情我至今记得很清楚，那就是钱老和茅以升先生的争论。"他回忆说。钱老曾经写过一篇文章，大意是：先要奠定好理论基础，再来学习工程技术。茅老看后有不同意见，认为先掌握了某种技术，再来学习理论，也不见得错，就发了一篇文章表示不同意见，直接点了钱学森的名字。茅老过世后出了一本文集，其中收录了这篇文章，但编辑把钱学森的名字隐去了。钱老看到这篇文章后说："茅老在文章中批评的就是我，为什么不把我的名字点出来？在学术上我应该对自己说的话负责任。"所以，他马上就给这个出版社写了封信，说："希望你们再版的时候加一个注，就说茅老批评的那篇文章是我写的，我应该负责。"

我不宜参加你们的鉴定会

钱老晚年给自己定了几条规矩，如不接受吃请、不参加任何开幕式、不为他人写序、不题词，等等。

"钱老是这么说的，更是这么做的，这也是他抵制学术乃至社会上的不正之风的唯一办法。"涂元季介绍说，钱老退休之后，无职无权，面对不正之风，他说："我唯一的办法就是洁身自好，不沾一点点污泥。"

对于许多人"来者不拒"的成果鉴定会，钱老认为："我不能说这些成果都是不好的，但是我知道鉴定会有很多文章，我区别不清，唯一的做法就是回避。"

"但'回避'也不是那么容易做到的。"涂元季说，一次，有一位中央领导同志的孩子主持了一个项目，这个项目是按照钱老的倡导来做的，这位领导写信给钱老，希望他能参加鉴定会。钱老很郑重地回了一封信，说："虽然这件事情是我倡导的，但我只是知道宏观上的大方向，具体细节我并不懂，因此我不宜参加你们的鉴定会。"

老房子一住近50年

"这所房子是1960年搬进来的，快50年了，我父亲一直住在这里。"11月1日上午，在阜成路8号"航天大院"内，钱学森的儿子钱永刚说。

王永志说，钱学森自己的个人生活非常朴素。有关部门几次提出给他换新的大房子，都被钱学森婉拒了。"他的心是在事业上，不求利不求名，一心为事业奋斗。"

"钱学森谦虚的作风、淡泊的胸怀、实事求是的治学精神，永远是自己学习的品质。"孙家栋说，钱老不仅在航天领域做出了卓越的贡献，更以淡泊名利和率真的人生态度，诠释了一个科学家的人格品质。

2009年11月完成初稿，2018年夏修改。

本文图片由钱永刚先生提供。

师昌绪：

好管闲事的老头儿

（赵永新 摄）

师昌绪（1918—2014），男，汉族，河北徐水人。金属学及材料科学家，两院院士。

1941—1945年在国立西北工学院（现西北工业大学）矿冶系学习，1948年留学美国，获硕士和博士学位。1955年7月回国，长期在中科院金属研究所工作，历任研究员、副所长、所长、所学术委员会主任。曾任中科院技术科学部主任、国家自然科学基金委员会副主任、中国工程院筹备组副组长、中国工程院副院长。他是第三、第五、第六届全国人大代表，中国共产党第十五次全国代表大会代表。1995年当选为第三世界科学院院士。

师昌绪是中国高温合金开拓者之一，研制出多种具有自主知识产权的高温合金及部件。他领导研制了中国第一代铸造镍基高温合金空心涡轮叶片，满足当时国家之急需。开发多种新型高合金钢，并在不同领域得到应用。

他长期作为中国材料科学与技术领域的领军人物，引领和推动我国材料领域的发展。他参加或主持制定我国冶金、材料科学以及一些重大关键技术的发展规划，多次针对我国重大科技政策、措施及规划向中央提出意见建议。

获得的主要荣誉有：国家最高科学技术奖、何梁何利基金科学与技术进步奖、"全国先进工作者"称号。

～～～～～～～～～

2008年夏，两年一度的两院院士大会在京召开。在北京人民大会堂举行开幕式后，第二天上午中科院的院士们就转到京西宾馆继续开会。会议中间休息的时候，院士们走出会议室，到外边聊天、散步。喜欢摄影的我端着相机在院士们中间转悠，寻找有意思的画面。

一个场景引起了我的注意：一位光脑袋的老院士手里拿着一叠资料，在跟卢世璧院士聊着什么。别人都只穿一件衬衣，这位老先生衬衣外边还加了一件灰色外套，左边腮帮子上还贴着一块白色的纱布。

"这个老头儿是谁呢？"我一边想着，一边悄悄走上前，拍了几张照片。听见相机快门的"咔嚓"声，卢世璧抬头瞅了我一眼，那个老头儿则旁若无人，继续和卢世璧说话。

这个旁若无人的老头儿，就是荣获2010年度国家最高科学技术奖的师昌绪先生。2011年1月国家最高科学技术奖颁奖前，我和其他几位媒体同行，在他供职的国家自然科学基金委员会采访了师先生。

上午9时整，身穿深蓝色唐装的师昌绪准时出现在会议室。虽然年过九十，但师先生背不驼、眼不花，思维敏捷、记忆力极好。听着晚辈和老同事讲述自己的往事，他时而会心一笑，时而若有所思，时而插话补充、纠正。而且，师先生说着说着就激动起来，手挥拳舞、慷慨激昂，把桌子敲得当当响。

"称您为'高温合金之父'可以吗？"有记者问。

"这个不对，因为国外早就有人搞出高温合金了。"他断然否认。

"'中国的高温合金之父'，总可以吧？"

"中国的也不对，因为国内也有比我早的，只能说我做过比较重要的贡献。"

孔子曰："智者乐，仁者寿。"听着师先生朴实无华的讲述，我想，这位备受科技界同仁尊重的老科学家，既是一位智者，更是一位仁者。

"三杆主义"

1918年11月15日，师昌绪出生于河北省徐水县大营村的书香门第。他的祖父辈出过进士，父亲是清末秀才，既有浓厚的儒家思想，又有强烈的爱国情怀；母亲出身于破落的官宦之家，知书达理，勤劳善良。师先生这一辈兄弟十二人，他排行老七。

师昌绪在自己80岁生日时写过一篇自述，其中谈到幼年的自己"智慧平平，绝非一个聪明人"。但他自幼勤奋，经常躲到家中一个僻静的小院子里读书，一待就是一天，吃饭的时候得有人去喊他好几遍才能回来，因此还得了个"老院子"的外号。

师先生讲，他一生的亮点之一是考上了河北省立保定第二师范学

校（现为"保定学院"）。学校倡导的是"三杆主义"，要求学生除了
会握笔杆子，还要掌握锄杆和枪杆。念书之外，学生们每周拿出4个
半天下地干活，连星期天都被占了；每天早晨，学生们还要练大刀、
打形意拳。师先生后来能吃苦、身体好，与此大有关系。

1931年"九一八事变"时，他刚上高小一年级（相当于小学五年
级）。日军侵占沈阳的消息传来，全班学生和老师都抱头大哭，感觉就
要亡国了。从此，爱国的种子在他心中埋下了，并激励师先生一生。

1941年，他中学毕业后考入国立西北工学院矿冶系。当时有一个
说法：一个国家贫穷，主要是因为地下的东西没被开采出来。所以，
当时师先生选了矿冶系。

回国之战

1945年大学毕业后，师昌绪先在四川和辽宁工作了3年。由于国
内战乱不已，1948年他到美国留学。在美期间，他用了不到一年时间
拿到密苏里矿业和冶金学院（美国三大著名矿冶学院之一，现密苏
里科学技术大学）的硕士学位，两年半之后取得欧特丹大学的物理冶
金博士学位。之后，他受聘于麻省理工学院冶金系，师从著名金属
学家M.柯恩教授，从事博士后研究。其间，他参与了美国空军课题
"硅在超高强度钢中作用的研究"，在其研究结果基础上发展出来的
300M高强度钢，成为20世纪60—80年代世界上最常用的飞机起落架
用钢。

1950年朝鲜战争爆发后，美国司法部明令禁止学习理工、医学的
中国留学生回国，师昌绪是黑名单中的35名中国学者之一。为此，他
与志同道合者同美国当局进行了坚决斗争。

历史的见证

上图是美国向世界首次公开报导中国留学生要求回国。1954年4月波士顿环球报（Boston Globe）以这样标题〈在湾区有五个中国留学生要求回到红色中国〉，并附上我们三个人的专访照片，其余二人，一位是哈佛化学系的梁晓天；另一位是麻省理工水利系的汪闻韶。

WILLING TO BE SWAPPED FOR YANKS. These three Chinese students at Massachusetts Institute of Technology said yesterday at Cambridge, Mass., that they would willingly go back to their families in China as a swap for Americans held by the Communists. Denied permission to leave this country because the technical knowledge they acquired here might aid the Chinese Communists, they took over their announcement: (left to right) Chang Hsu Shih, Sheng Sen Lin and Hsing Chien Chang.
AP Wirephoto

报中的注释翻译如下：

顾与美国佬交换：麻省理工学院的三名中国学生昨天在剑桥告诉记者，为了回家他们愿与被共产党扣留的美国人交换。他们因为在美国获了技术知识，可能有助长中国共产党而不允许他们离开美国（图中从左到右：师昌绪、林正仙、张兴钤）。

上图 ▲
1954年，《波士顿环球报》的报道《在湾区有五个中国留学生要求回到红色中国》，照片左起：师昌绪、林正仙、张兴钤

....

下图 ▼
1956年1月1日，师昌绪与妻子郭蕴宜摄于上海

下图 ▼
2002年1月1日，师昌绪与大孙子师若尧掰手腕

上图1 ▲
师昌绪在企业考察

上图2 ▲
2008年两院院士大会间隙，师昌绪与卢世璧交流（赵永新 摄）

他们做的第一件事，就是要把美国扣留中国留学生的情况向祖国汇报。师昌绪通过一位富有同情心的印度青年外交官，把信件转交给中国政府。在1954年5月的日内瓦国际会议上，这封信成为中国抗议美国无理扣压中国留学生回国的重要依据，周恩来总理向美国政府提出了严正抗议。美国媒体将此事炒得沸沸扬扬，《波士顿环球报》以通栏大标题《在湾区有五个中国留学生要求回到红色中国》进行报道，还刊登了师昌绪等3名中国留学生的照片。

为赢得美国人民的同情，师昌绪等人又写信给美国总统艾森豪威尔，要求撤销禁令。1954年夏，师昌绪等人白天在实验室工作，晚上就用花50美元买来的滚筒式油印机，油印写给艾森豪威尔的信件，并用两个大皮箱把信件从波士顿运到纽约，向报界、议员和民间团体散发。

1955年春，美国迫于各方压力，公布了一批可以回国的中国留学生名单，师昌绪名列其中。面对导师的挽留，他说："在美国我无关紧要，但我的祖国需要我。"当年6月，他乘坐"克利夫兰号"客轮经香港回国。

"回国的历程简直就像一场战争。"忆当年，师昌绪说，"我这个人比较胆大，对生死看得比较淡。"

"一百单八将"

"北京、上海，这两个地方任你选。"时任中科院技术科学部主任的严济慈，对刚从美国回来的师昌绪说。

结果，这位37岁的"洋博士"选择了沈阳，到中科院金属所工作。其间，他被指定为鞍山钢铁公司工作组的负责人，由物理冶金理论研究转向炼钢、轧钢工艺研发。两年之后，师昌绪又服从国家需要，转任金属所高温合金研究组的负责人，带领一支小分队常驻抚顺钢厂，研制出航空发动机的核心材料——铁基高温合金GH135，用这种新材料制作的航空发动机关键部件——涡轮盘，装备了大量飞机。

1964年，中国自行设计的新型歼击机即将投产，就差制造发动机用的耐高温高压涡轮叶片。此前，只有美国能研制这种叶片，国内的人都没见过。一天晚上八九点钟，航空材料研究所的副总工程师荣科找到师昌绪，问他能不能牵头搞空心叶片。"我也没见过这种叶片，但我想，美国人做出来了，我们怎么就做不出来？中国人不比美国人笨，只要肯做，就一定能做出来。"师昌绪说。

第二天，他与时任金属所所长的李薰先生决定接受这个任务。荣科非常高兴，但同时也"提醒"师昌绪："我可是立了军令状的，做不出来，我就得把脑袋割下来。"师昌绪一笑："咱们就共同承担吧。"

为啃下这块"硬骨头"，师昌绪挂帅，从金属所的相关研究室挑选了"一百单八将"，成立了专门的项目组。他们采纳荣科"设计—材料—制造一体化"的建议，与发动机的设计和制造单位合力攻关。在极为艰苦的条件下，相继攻克了型芯定位、造型、浇注、脱芯以及断芯无损检测等一道道难关，于1965年研制出中国第一代铸造多孔空心叶片，使我国成为世界上第二个能研制这种叶片的国家。

20世纪70年代，国家决定把空心叶片的生产转移到远在贵州的一个工厂，航空部点名师昌绪带队到生产第一线，指导解决生产中的技术难题。当时从沈阳到贵阳要坐48个小时的闷罐火车，路上连喝的水都没有。工厂的条件极为艰苦，一日三餐吃的都是发霉的大米和红薯干，连厂里的总工程师都过意不去，利用星期天到集市上买来白面，给科研人员蒸馒头改善生活。师昌绪他们在车间里日夜鏖战，经过几个月的努力，克服了实际生产中的技术难关，他们生产的数十万个叶片至今没发生过一起质量问题。

好管闲事

1984年，已过退休年龄的师昌绪从中科院金属所所长调任中科院技术科学部主任，之后发起、参与了国家自然科学基金委员会和中国工程院的筹建工作，并分别担任基金委副主任和工程院副院长。

"我这个人的缺点是心太软，特点是好管闲事。"师先生笑称。

2010年春，年过90岁的师昌绪找到国家自然科学基金委材料科学部原常务副主任李克健，说想和他一起抓一下碳纤维技术。李克健听后立马摇头，说："师先生，这个事您可别管！这事太复杂！谁抓谁一手屎！"

李克健说的是大实话。质量轻、强度高的碳纤维是航天、航空用的基础原材料，我国从1975年就开始攻关，大会战搞了不少，钱也花了很多，但就是拿不出合格稳定的产品，许多人都避之唯恐不及。

"我们的国防太需要碳纤维了，不能总是靠进口。"师先生说，"如果碳纤维搞不上去，拖了国防的后腿，我死不瞑目。"

李克健听后深受感动，接受了师先生的邀请。他先后组织召开多个部委、单位参加的座谈会，大家的一致意见是：碳纤维能搞上去！会议纪要里，专门写了这样一句：请师昌绪院士作为技术顾问并监督。

在第二次座谈会上，时任科技部秘书长的石定寰提醒师先生："上亿的资金哪里去找？就是钱弄来了，谁去协调指挥？过去几个部委联合起来都没弄好，你师老能指挥得动吗？"

"只要国家需要，困难再大也要干！"不服输的师先生上书中央有关部门，陈说利害。后来，科技部在"863"计划中专门增设了1亿元的碳纤维专项。在实施过程中，师先生吸取以前的教训，定了一条规矩：统一领导，谁拿专项的钱，谁就归我们管！为确定研制厂家，专项领导小组派人到申报单位，现场取样，让第三方单位统一测试。数据出来后，大家一起讨论，优胜劣汰，结果志在必得的一所知名大学落选，产品过硬的民营企业威海拓展纤维有限公司中标。为把国产碳纤维用到飞机上，他还专门给当时的航空总公司（现中国航空工业集团有限公司）写信，"化缘"3000万元，帮助相关单位开展应用试验。现在，无论是航天还是航空，所需的碳纤维已可立足国内采购，打破了国外的垄断。

师先生的确是好管闲事，手居然伸到了新闻界——2011年，某位中央领导同志到家中看望老先生，他郑重提出：现在媒体对科技领域的报道太少，应该适当增加。其后不久，中宣部等八部委联合下发了《关于进一步加强科技宣传工作的实施意见》，《人民日报》编委会专门开会研究部署，除在要闻版、新闻版增加报道量外，"科技视野"专版由每周一块增加为每周两块。

亲和力

"与师先生相处20多年，我感受最深的，就是他的亲和力。不管到哪儿，在哪个地方工作，他都有很强的亲和力、吸引力和凝聚力，能把方方面面的积极性调动起来。"曾任国家自然科学基金委秘书长、中国材料研究学会副理事长的袁海波说，"这一点在我国当前科技界特别重要，也特别不容易！"

国际材料研究学会联合会（简称"国际材联"）是世界材料学界

的权威学术机构，加入该组织对促进我国材料科学的发展非常重要。据袁海波回忆，1986年国际材联在美国举行会议，师先生与清华大学的李恒德教授应邀参加，这期间做了大量工作，妥善解决了与中国台湾地区相关的议题。1991年年底，国际材联修改章程，接纳中国材料联合会代表中国成为其会员，中国台湾地区作为中国的一个地区与中国材料联合会并存。后来，在中国材料联合会的基础上正式成立中国材料研究学会时，许多人认为师先生是该研究学会理所当然的理事长。结果，师先生主动让贤，自己只做顾问。

"1964年我担任师先生研究室的学术秘书，刚开始挺拘谨的，后来发现他一点架子也没有。"说起40多年前的往事，中科院金属所前所长李依依院士至今仍很动感情，"师先生非常尊重别人，从不把自己摆得很高。他带领我们研究高温合金，不像有的老师，要求你一定要照着他说的去做，而是划一个大的范围，让你放手去干；你有什么不同的想法，他也支持你做，哪怕做错了重来都可以。在他的团结指导下，大家都干得很开心。"

师先生说："我这个人没什么本事，就在于能团结大家。"

不希望每个人都像我

师先生看上去身体很好，其实浑身都是病：冠心病、高血压、哮喘，还很容易得感冒。

即便如此，他还是退而不休：每天上午8点钟离开家，9点钟到办公室，接待来访、写文章、看资料；下午3点左右回家，中午也不休息。2010年这一年，北到哈尔滨、南到广州，他还出了10次差，在北京主持、参与了几十个学术会议。

　　"我这个人活着没意思，也不希望每个人都像我。"师先生笑着对满屋子的人说："我已经是这么个定型了，在家待着反而苦恼，所以天天上班。人嘛，本来该60岁退休，我现在已经白干了30年了。这30年也是我最有经验的时候，干了一些事，觉得能对得起国家了。"

　　"您是怎么保养的？"

　　"不能养，越养越坏！每次体检，全身是病，但我从不嘀咕，该怎样就怎样。"

　　"您今后的打算是什么？"

　　"得过且过。"师先生笑着说，"我外表挺好，又健谈，其实什么病都有，所以是得过且过，得活且活——也就是这个样子。"

2011年1月完成初稿，2018年夏修改。

本文除了注明摄影者的图片，其余均由郝红全先生提供。

吴良镛：

让人们诗意栖居

人物
小传

吴良镛，男，汉族，1922年出生于江苏省南京市。著名建筑学家、城乡规划学家和教育家，人居环境科学的创建者，两院院士。

1944年毕业于国立中央大学（现东南大学）建筑系，1946年协助梁思成创建清华大学建筑系。1949年毕业于美国匡溪艺术学院，获硕士学位。1950年回国投身新中国建设。1980年当选中科院院士，1995年当选中国工程院院士。曾任清华大学建筑系主任、中国建筑学会副理事长、中国城市规划学会理事长、国际建筑师协会副主席等职。

吴良镛长期从事建筑与城乡规划基础理论、工程实践和学科发展研究，针对我国城镇化进程中建设规模大、速度快、涉及面广等特点，创立了人居环境科学及其理论框架。该理论以有序空间和宜居环境为目标，提出了以人为核心的人居环境建设原则、层次和系统，发展了区域协调论、有机更新论、地域建筑论等创新理论。

他运用人居环境科学理论，成功开展了从区域、城市到建筑、园林等多尺度多类型的规划设计研究与实践，在京津冀、长三角、滇西北等地区取得一系列前瞻性、示范性的规划建设成果。

获得的主要荣誉有：国家最高科学技术奖、世界人居奖、国际建筑师协会"屈米奖"、亚洲建筑师协会建筑奖金奖、陈嘉庚科学奖、何梁何利基金科学与技术进步奖等，以及美、法、俄等国授予的多个荣誉称号。

很难想象，这是一位年近九十、中风愈后老人的日常生活：每天早晨起床后把当天的安排写下来、思考研究课题等工作的进展，上午看书、看报纸，下午坚持做康复运动、练习书法，晚上处理教学事务、与研究生交流……

这位老人，就是我国著名的建筑与城乡规划学家、教育家、两院院士、2011年度国家最高科学技术奖获得者吴良镛。

2012年年初，在清华大学主楼的一间会议室里，我见到了仰慕已久的吴先生：脸色红润、思路清晰，温和的微笑中蕴含着睿智与敦厚；略带苏南口音的谈吐中传递出对事业的激情、对民生的关切；脖子上围的蓝条纹绸巾，映衬出这位建筑大师对美的一贯追求。

镛，古乐器，奏乐时表示节拍的大钟。

"探索中国人如何能有一个更好的居住环境，更好地生活、学习、研究和工作——这是我庄严的责任，也是应尽的义务。"吴良镛说，"我毕生追求的就是要让全社会有良好的与自然相和谐的人居环境，让人们诗意般、画意般地栖居在大地上。"

从事建筑行业、立志修整城乡

"我为什么要选择学建筑呢？这与早年的经历有关。"70多年前的那次大轰炸，吴良镛记忆犹新：1940年7月的一天，他刚在重庆合川二中参加完中学统考，日军的轰炸机就来了。一时间地动山摇，火光冲天，瓦砾遍地……

三天后，他怀着"从事建筑行业、立志修整城乡"的志向，挥手作别合川，走进了中央大学建筑系。

1945年，吴良镛受梁思成先生之约，共赴清华大学协助筹办建筑系。1948年夏，经梁先生推荐，吴良镛赴美国匡溪艺术学院建筑与城市设计系深造，在著名建筑师沙里宁的指导下，探究中西交汇、古今结合的建筑新路。

1950年，他收到梁思成、林徽因"新中国急需建设人才"的来信后，冲破重重阻挠，绕道香港回国，重新执教于清华大学，孜孜不倦地探索具有中国特色的建筑设计与城乡规划之路。

立足脚下的土地，建立人居环境科学

早在1949年，吴良镛的导师沙里宁曾对他的作品展做如此评价："他的工作灌注了一种中国现代性的精神，这不仅来自一般的人类文化发展，也来自中国实际生活的发展。它是一种新与旧的结合，立足于中国自身坚定不移的精神力量。"

上图 ▲
改造后的菊儿胡同

上图1 ▲
吴良镛在孔子研究院工地

上图2 ▲
2002年，吴良镛在写书法

下图 ▲
位于山东省曲阜市的孔子研究院

上图1 ▲
2010年吴良镛考察菊儿胡同

上图2 ▲
2010年11月，吴良镛在指导学生

上图 ▲
吴良镛在野外写生

....

....

下图 ▼
吴良镛水彩画1

下图 ▼
吴良镛水彩画2

事实的确如此。改革开放以来，中国的工业化、城镇化速度之快、规模之巨，前所未有；所面临的问题之复杂，矛盾之激烈，世所罕见。轰轰烈烈的城镇建设中所暴露出来的问题，令传统理论失色、让外国同行无语：建筑设计缺乏特色、城乡规划缺少关联，园林设计忽视大地景观……

为解决这些问题，吴良镛在数十年的理论研究与实践探索的基础上，融汇中外、贯通古今，创建了体现人类聚落及其环境的相互关系与发展规律的人居环境科学。

"人居环境科学以人为核心，把建筑学、城乡规划学、风景园林学等三大学科有机地融为一体，拓展了传统的学科视野，在区域、城市和建筑三个层次上，分别发展了区域协调、有机更新、地域建筑等理论，并提出了整体空间规划设计的方法。"清华大学党委副书记邓卫教授解释说，"区域协调论，是指顺应区域-城市条件，协调自然-人工环境，建立区域整体秩序；有机更新论，是指尊重城市历史文脉，符合现代生活需求，开展渐进式更新；地域建筑论，是指发掘地方文化内涵，结合当地自然要素，创造时代特色建筑。"

1999年6月，在国际建筑师协会（简称"国际建协"）第20届世界建筑师大会上，时任大会科学委员会主席的吴良镛宣读了由他起草的《北京宪章》，并获通过。作为国际建协成立50年来的首部宪章，凝聚着人居环境科学理论智慧的《北京宪章》成为指导新世纪世界建筑发展的重要纲领性文献，并以中、英、法、西、俄5种文字出版，获得了世界认可。

国际建协前主席V.斯戈泰斯认为：这是一部"学术贡献意义永存"的文献。英国著名建筑评论家保罗·海特则如此评价：吴教授以一种乐观和利他主义的姿态，提出了引导未来发展的"路线图"。

行万里路，谋万人居

"吴先生不仅是一位科学理论研究者，更是一位建筑设计与城乡规划的实践者。"清华大学建筑学院院长朱文一说。

"读万卷书，行万里路，拜万人师，谋万人居。"60多年来，从首都北京到古城苏州，从海南三亚到云南丽江，从长三角到京津冀，吴良镛带领他的同事、助手们上下求索、学以致用，践行他"让人们诗意般、画意般地栖居在大地上"的人生理想。

走进位于北京东城区西北部的菊儿胡同，中外游客对既诗情画意又活色生香的古民居流连忘返：青砖粉墙黛瓦的小楼错落有致、和谐搭配的树木花草生机盎然……眼前这一兼具江南大夫第府邸韵味和老北京四合院厚重气质的胡同，20多年前却是蓬户蔽日，建筑密度高达83%，平均80人合用一个水龙头、一个下水道……

1988年，吴良镛受邀为这个典型的"危积漏"（危房、积水、漏雨）地区"动手术"。他带领学生们先后出了上百张施工图，基本原则是不大拆大建，新建筑采用"插入法"，顺其原有肌理以旧换新。改造过后，回迁的老住户喜笑颜开：集中供暖、独立卫生间、通畅的上下水系统、小户型单元房让普通百姓也都能买得起。

改造后的菊儿胡同吸引了世界的目光，成为北京老城区改造的典范之作。1993年，这一危房改造项目获得联合国颁发的"世界人居奖"。

到过苏州的人，莫不为新、旧相映生辉的人间天堂感到欣慰：旧城居中，四角留出湖泊与空地，楔形绿地沿山脉、水系插入市中心；新加坡工业园居东，开发区在西；城乡结合，园林开放……十多年前，吴良镛用匠心妙手设计的"九宫格"布局，让"白发苏州"既保留了古旧的韵味，又焕发出新的活力。

吴先生领衔研究制定的《京津冀地区城乡空间发展规划》，构建出"一轴三带"的区域整体协调发展格局，开辟了解决区域分割、城乡分立，指导京、津、冀三地统筹发展的新路径：推动北京城市功能的有机疏解，首都职能得到更好发挥；推进天津滨海新区开放开发上升为国家战略；促进河北廊坊和沿海发展，加强生态保护，与京津协调发展。如能一以贯之，假以时日，京、津、冀三地将实现相辅相成、各尽所能、各得其所的共赢梦想。

曲阜孔子研究院、北京总体规划评估与战略研究、滇西北人居环境可持续发展规划研究、南水北调东线一期工程历史文化环境保护研究……从建筑到城市，从城市到区域，42项代表性实践项目，展现了吴良镛"匠人营国"的宏伟抱负，折射出他融"大科学""大人文""大艺术"于一体的人居环境科学的光辉。

少有的激情，少有的坚强

吴先生手里，多了一根拐棍。

2008年夏天，86岁的他不顾年事已高，到自己主持设计的南京红楼梦博物馆施工现场指导。在难耐的酷暑高温中，他突发脑梗死。

"在北京天坛医院，他苏醒后的第一件事，就是把我招呼到跟前，嘱咐我要抓紧进行当时的一个研究课题——奥运会对北京城市影响的调查。"说到这里，朱文一唏嘘不已。

吴先生能恢复到什么程度，连医生心里都没底。让大家没有想到的是，在医生的精心医治下，他凭借惊人的毅力，硬是挺了过来，而且写的书法更有韵味——医护人员连称"奇迹"！

"少有的刻苦、渊博，少有的对事业的激情，少有的坚强。"——

这是60多年前林徽因先生对吴良镛的评价。

耄耋之年，他依然保持着这样的激情、这样的坚强。大病愈后，他还时时违反同事们给他定的"八项注意"，不仅继续看书、接待客人、带研究生，还一直关注着当前城乡建设中存在的种种问题：城市化的速度过快，大量农民涌入城市，但是城市的住房、教育等跟不上，经济高速发展的背后暗藏隐忧；一些城市重经济发展、轻人文精神，重建设规模、轻整体协调，重攀高比新、轻地方特色，为取得最大经济效益过度开发，不惜破坏文物建筑、古树名木……

尽管如此，吴先生依然保持着积极、乐观的态度：中国正在快速转型，种种问题在所难免。换个角度看，问题多，取得成就的可能性就大。通过理论的提高和实践的推进，中国的城乡建设应该可以有更大的提升。

此情此心，离不开两位恩师——梁思成、林徽因夫妇的教诲。

"梁先生对我影响最深的，是他对事业和国家的热爱、对专业的执着、对学生的诚恳。"吴良镛说，"我记得1945年从云南前线回重庆见到梁先生的时候，他脊椎得了硬化症，背着一副钢架子，不能弯腰，但依然坚持看书、画图、写文章……"

"我是在1945年第一次见到林先生的，当时她身体不好，但是当你跟她交谈的时候，你完全感觉不到她是一个病人。她充满活力，你能强烈地感受到她思想的感染力……"对于林徽因，吴良镛这样回忆。

说到对青年人的希望，吴良镛说："我以两位先师为表率，向现在学习建筑的学生提出两点寄语：一是要有对事业的热情和忠诚，二是要不断探索、不断创新。"

面对当前的城乡发展，吴良镛说："城与乡是一个事物的两面，城市化进程中不能忽视农业地区的发展，'美好人居环境与和谐社会共同缔造'离不开城乡统筹。现在对城市的研究已经较为深入，但对乡村的研究却显欠缺。中国古代的绘画艺术有很好的传统，以既写实又具诗意的手笔将城乡整体所构成的山川秀美的大地景观表达出来，如《清明上河图》《千里江山图》等。我们今天正是要从城乡发展的现实出发，谱写大地的新画卷。"

2012年2月完成初稿，2018年夏修改。

本文图片由郭璐女士提供。

闵恩泽:
搞科研像吃麻辣烫

（赵永新 摄）

闵恩泽（1924—2016），男，汉族，四川成都人。石油化工催化剂专家，两院院士、第三世界科学院院士、英国皇家化学会会士。

1946年毕业于国立中央大学，1951年获美国俄亥俄州立大学博士学位；1955年到石油工业部北京石油炼制研究所（中国石油化工股份有限公司石油化工科学研究院的前身）工作。

闵恩泽主要从事石油炼制催化剂制造技术领域研究，是中国炼油催化应用科学的奠基者，石油化工技术自主创新的先行者，绿色化学的开拓者。20世纪60年代，他主持开发的制造磷酸硅藻土叠合催化剂的混捏-浸渍新流程通过中型试验，提出了铂重整催化剂的设计基础，成功研制出航空汽油生产急需的小球硅铝催化剂，成功主持开发微球硅铝裂化催化剂。20世纪80年代，他主持开展了非晶态合金等新催化材料和磁稳定床等新反应工程的导向性基础研究。1995年，他进入绿色化学的研究领域，成功策划指导开发化纤单体己内酰胺生产的成套绿色技术和生物柴油制造新技术。

获得的主要荣誉有：国家最高科学技术奖、国家科技进步奖二等奖、国家技术发明奖一等奖、何梁何利基金科学与技术进步奖、"感动中国2007年度人物"称号、日本桥口隆吉基金奖。

～～～～～～～～～

这是我2007年从环保领域转到科技领域后，当面采访的第一位大科学家。想到"中科院院士""中国工程院院士"和"国家最高科学技术奖"等头衔，采访前我心里有些忐忑不安。

没想到的是，见面之后，这种不安很快被闵先生的平易近人和比较好懂的四川普通话化解了。

那天在会议室的采访结束后，我提了一个请求："闵先生，能不能到您家里看看？"

问完后我就意识到：这个要求太唐突了。

没想到闵先生爽快地答应了。他站起身，穿上厚厚的羽绒服，和老伴——同为中科院院士的陆婉珍女士——手拉着手，带我们到他家转了一圈。

2007年冬的一天，阳光明亮而温暖，我国石化工业的创新大本营——北京市北四环外的中国石化石油化工科学研究院（简称"石科院"）一派宁静。

上午9点钟，满头银发的闵恩泽准时来到会议室。他微笑着与记者一一握手之后，缓步走到自己的座位旁，从一个白色布袋子里掏出眼镜、圆珠笔、一个巴掌大小的笔记本和一叠精心准备的资料。

采访中，84岁高龄的他时而凝神谛听别人的发言，时而在笔记本上记下记者的问题，其认真、严谨的态度，让人肃然起敬。

在他那带着四川口音的、如话家常般的讲述和他同事、学生、朋友满含真情的诉说中，记者慢慢悟出了这位石化催化泰斗半个多世纪花开不败的创新之道。

国家需求

"国家需求"这4个字，像一盏明灯，始终指引着闵院士的创新之路。

1942年，18岁的闵恩泽进入重庆国立中央大学土木系读书。当时农业大省四川急需化肥，却苦于缺乏专业人才。于是，他在大学二年级时毅然转学化工；

1955年10月，已在美国获得化学博士学位并成家立业的他，不顾朋友的劝说和美国移民局的刁难，携夫人陆婉珍绕道香港回国；

当时，苏联逐步减少以致最后停止了对我国催化剂的供应，催化剂生产技术更是受到发达国家的严密封锁，形势十分严峻。

"国家需要什么，我就做什么。"临危受命的闵恩泽毫无怨言，一头扎进了与他10多年的专业学习、工作经历根本不沾边儿的催化剂研究。他从零开始，边学边干，失败、再试验、再失败、再试验……几年之后，终于成功研制出小球硅铝裂化催化剂、微球硅铝裂化催化剂等多种催化剂，解决了中华人民共和国在石油炼制方面的燃眉之急，填补了国内空白；"文化大革命"之后，他又成功开发出钼镍磷加氢催化剂、一氧化碳助燃剂、半合成沸石裂化催化剂等，使我国的炼油催化剂品种更新换代，达到国际先进水平。

20世纪80年代之后，石化行业的迅猛发展呼唤着"新式武器"的出现。年过半百的他又另辟蹊径，转向难度更大的原始创新。经过20多年的不懈努力，先后指导研制出非晶态合金、新型择形分子筛等新催化材料，成功开发出磁稳定床、悬浮催化蒸馏等新反应工程，达到国际领先水平。

20世纪90年代后期，中国石化相继耗资60亿元，引进两套以苯和甲苯为原料的己内酰胺装置，以解决国家的迫切需求。但由于多种原因，到2000年时这两套装置年亏损近4亿元。一直搞催化剂研究、已经70多岁的闵恩泽再次临危受命，转入他并不太熟悉的化纤领域。他牵头组织全国的相关单位和人才联合攻关，成功指导开发出"钛硅分子筛环己酮氨肟化""非晶态合金磁稳定床己内酰胺加氢精制"等绿色新工艺，仅花了7亿元就把引进装置的生产能力提高了3倍，而且从源头上消除了环境污染，使企业迅速扭亏为盈，开启了我国的绿色化工时代。

进入21世纪，石油价格飙升，能源危机日显。年近八旬的他又把目光转向可再生的生物质能源开发，指导开发出"近临界醇解"生物柴油清洁生产新工艺，使我国在这一领域后来居上。

"闵先生强烈的责任感非常令人钦佩。"与闵先生共事20多年的何鸣元院士说，"搞科研的人往往强调兴趣，因为在自己有兴趣的领域才容易出成果。而闵先生则不同，他更强调社会需求。"

面对赞誉，闵恩泽真诚地说："能把自己的一生与人民的需求结合起来，为国家的建设作贡献，是我最大的幸福。"

上图 ▲
1950年，闵恩泽与陆婉珍结婚照，陆婉珍穿的婚纱礼服是
自己缝制的

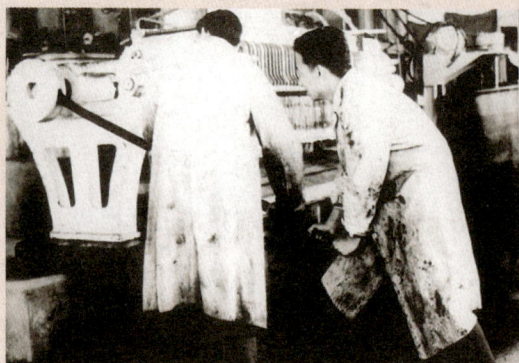

上图 ▲
20世纪50年代中期，闵恩泽（右一）参加铂重整催化剂
中型试验

上图 ▲
1986年，闵恩泽在实验室指导宗保宁等研究生

上图 ▲
2007年，闵恩泽在生物柴油中试装置现场

上图 ▲
2008年1月，闵恩泽夫妇在家中（赵永新 摄）

上图 ▲
闵恩泽在书房（赵永新 摄）

"吃亏"哲学

他的人格魅力吸引、润化着与之合作的每一个人，带出了一支朝气蓬勃的研究团队。说到国家最高科学技术奖，闵先生说："我只是个上台领奖的代表，这个奖项是全国几代石化人集体智慧的结晶。"

"集体智慧"是闵先生的又一口头禅。他引用电视连续剧《西游记》的主题歌说："'你挑着担，我牵着马'，这就是各尽所能、团结协作嘛！孙悟空本事再大，也有许多困难解决不了，需要找土地神来了解当地情况，还要向如来佛、观世音求救。我自己也是这样，碰到自己不懂的东西，给同事、朋友打个电话请教；遇到困难，还要向中国石化总部求救。"

石科院院长龙军认为，闵院士的巨大贡献，不仅仅在于卓越的科研成果，更在于他带出了一支勇于攻关、团结协作、勤谨踏实的科研队伍，为石化研究储备了一个人才库。

之所以能带出这样一支团队，在很大程度上归功于闵院士的"吃亏"哲学。何鸣元回忆道："1984年我从国外回来之后，闵先生让我担任基础研究部的主任。他对我讲，当团队头儿，就要学会吃亏，放在第一位的是帮助别人出成果，而不是自己出成果。在这方面，闵先生一直以身作则。一项成果出来之后，署名放在第一位的往往不是闵先生，而是具体负责的同志。在他的影响下，基础研究部一直保持着这样的传统，从而激励了团队的整体作战精神，有利于发挥每一个人，尤其是年轻科技人员的积极性。"

自1978年以来，闵恩泽共带出20多名博士研究生、16名硕士研究生、10名博士后；采访时，得知他还在培养博士生。这些学生当中，不少已经成长为我国石化领域的科研骨干和学术带头人。

　　"闵先生的确是一个大家，凡是与他打过交道的人，都被他的人格魅力所吸引、所折服。"与闵院士合作过的北京化工大学教授李成岳说。

三句话不离本行

　　工作的乐趣使他忘记了病痛的折磨，忘记了时光的流逝。

　　如果不是别人"泄密"，记者根本想不到：眼前这位笑声朗朗的老人，在不到40岁的时候就动过一次大手术，两片肺叶被切除，一根肋骨被抽离；进入晚年，高血压、胆结石、胰腺炎又接踵而至……

　　尽管如此，闵先生还一直保持着多年的习惯：石科院图书馆订的炼油、催化、化工方面的国外原版杂志，寄来以后先送到他办公室，他一本一本地浏览，一篇一篇地看；晚上睡到凌晨两三点钟，他起床吃完药后，接着看书、想问题，如有灵感突现，就赶紧记下来……

　　"熟悉闵先生的人都知道他有一个特点，就是'三句话不离本行'。"石科院党委副书记傅维笑着告诉记者，"你和他见面聊天，说不了几句，准保转到工作上去。"

　　采访中，闵先生念念不忘自己今后要做的两件事：一是把自己50多年自主创新的案例写下来，因为它们真实生动，容易理解，可以帮助培养创新型人才；二是在利用生物质资源生产车用燃料和有机化工产品方面继续努力……

　　"总之，我要做的就是明天、后天甚至大后天的，国家长远性、战略性、基础性研究需要的事。"

　　不知不觉，3个多小时过去了。听着闵院士不知疲倦地侃侃而谈，记者想："究竟是什么让他如此投入、如此忘我，以至忘记了身上的病痛，忘记了时间的流逝？"

　　或许，人们会从他自己写的那首创新打油诗中找到答案吧——

　　"市场需求，兴趣推动，苦苦思索，趣味无穷；灵感突现，豁然开朗，发现创新，十分快乐；高兴之余，烦恼又起，或为人员，或为条件；好似吃'麻辣烫'，又辣又爱，坚持下去，终获成果！"

　　　　　　　　　　　　　2008年1月完成初稿，2018年夏修改。

　　　　　　本文除了注明摄影者的图片，其余均由侯明铉先生提供。

朱光亚：
一位沉默寡言人

朱光亚（1924—2011），男，汉族，湖北武汉人。核物理学家，中国核科学事业的主要开拓者之一，两院院士。

1945年毕业于国立西南联合大学，1950年获美国密执安大学博士学位，1950年3月回国工作。1980年，当选为中科院学部委员（院士）。1994年，被选聘为首批中国工程院院士。曾任中国科协主席，中国工程院院长、党组书记，中国科协名誉主席，原总装备部科技委主任等。

朱光亚早期主要从事核物理、原子能技术方面的教学与科学研究工作。20世纪50年代末，负责并组织领导中国原子弹、氢弹的研究、设计、制造与试验工作，参与领导了国家高技术研究发展计划的制订与实施、国防科学技术发展战略研究，组织领导了核禁试条件下中国核武器技术持续发展研究、军备控制研究及武器装备发展战略研究等工作，为中国核科技事业和国防科技事业的发展作出了重大贡献。

获得的主要荣誉有："两弹一星"功勋奖章、"感动中国2011年度人物"称号。

说来遗憾，我一直无缘当面领略朱光亚先生的风采。这篇文章，是朱先生2011年2月去世后，我和同事余建斌、实习生张玉洁，根据他生前同事、学生和儿子朱明远的回忆赶写的。

如今旧作重读，朱先生的许多生前小事依旧让人感慨：他极少在外面请别人或接受别人邀请吃饭；出访出差收到的纪念品全部交公；尽管自己经济不宽裕，还把获得的100万元港币奖金悄悄捐献……

特别是他的这句话，至今不失为黄钟大吕：院士不是职称，不是职务，只是一个荣誉称号，不宜作为一种称谓来用。

2011年3月2日上午，人们从四面八方赶到八宝山革命公墓，为我国杰出的科学家、核科学事业的主要开拓者之一——朱光亚送行。

熟悉朱先生的人都知道，他生前一向沉默寡言。如今，静卧在鲜花丛中的他再也不能开口讲话，但这位"两弹一星"元勋的赤子之情和高尚品格，就像以他的名字命名、国际编号为10388号的小行星那样，永远在夜空中闪耀。

祖国在向我们召唤

> "同学们，听吧！祖国在向我们召唤，四万万五千万的父老兄弟在向我们召唤，五千年的光辉在向我们召唤，我们的人民政府在向我们召唤！回去吧！让我们回去，把我们的血汗洒在祖国的土地上，灌溉出灿烂的花朵。我们中国要出头的，我们的民族再也不是一个被人侮辱的民族了！我们已经站起来了，回去吧，赶快回去吧！祖国在迫切地等待我们！"

这是1950年年初，时年26岁的留美学生朱光亚在归国途中，亲笔起草的《致全美中国留学生的一封公开信》的结尾。

这至今让人热血沸腾的信，不仅反映了他当年回国效力的迫切心情，更是他毕生奉献给民族复兴大业的真实写照。

1924年12月25日出生于湖北省宜昌市的朱光亚，从中学起就对自然科学产生了浓厚兴趣。1941—1945年，他先后在重庆中央大学物理系、国立西南联合大学物理系学习，毕业后任国立西南联合大学物理系助教。

1945年，美国在日本投掷的两颗原子弹，唤起了中国人制造原子弹的梦想。1946年，国民政府遴选吴大猷、曾昭抡、华罗庚三名科学家赴美考察；吴大猷推举两名助手同行，一名是李政道，另一名就是朱光亚。

到美国不久，他就认识到一个残酷的事实：美国根本不想对中国公开原子能技术。很快，赴美考察小组被迫解散，人员各奔东西。但朱光亚并没有放弃，同年9月，他进入吴大猷的母校密执安大学，从事核物理学的学习和研究。

在核物理学的天地里，他刻苦学习，以全A的成绩连续4年获得奖学金，并发表了多篇优秀论文，顺利取得物理学博士学位。

异国求学道路上的一帆风顺，并未让朱光亚忘记大洋彼岸的祖国。中华人民共和国成立的消息传来，更坚定了他回国的决心。1950年2月底，他自筹经费，告别同学杨振宁、李政道，和学业尚未完成的女友、后来的妻子许慧君，赶在美国发布中国留学生回国禁令之前，取道香港回到祖国。

回国之前，他联合51名旅美留学生，牵头起草了《致全美中国留学生的一封公开信》。1950年3月18日，这封公开信刊登在《留美学生通讯》上，炽热的爱国情怀感动了海外学子，许多中国留学生在其感召下陆续回到祖国的怀抱。

一辈子主要做一件事

回国后不久，朱光亚就作为北京大学（简称"北大"）当时最年轻的副教授登上了北京大学物理系的讲台。1955年，党中央做出发展原子能工业的战略决策，朱光亚从东北人民大学（现吉林大学）回到北京大学，担负培养中国第一批原子能专业人才的重任。他的学生中，许多人成为中国核科技事业的骨干。

1959年，苏联突然单方面撕毁合作协议，撤走在华专家，我国的原子弹科研项目被迫停顿。朱光亚临危受命，调任第二机械工业部（简称"二机部"）核武器研究所副所长和第四技术委员会副主任，担起了中国核武器研制攻关的技术领导重担。

"两弹一星"元勋钱三强，一直把这次荐贤视为选拔科技帅才的成功范例：朱光亚当时还属于科技界的"中"字辈，论资历不那么深，论名气也没有那么大。那么为什么要选拔他？他有什么长处呢？钱三强列了四条：第一，朱光亚具有较高的业务水平和判断能力；第二，有较强的组织观念和科学组织能力；第三，能团结人，既与年长些的室主任合作得很好，又受到青年科技人员的尊重；第四，年富力强，精力旺盛。

由于援华苏联核武器专家平时就严密封锁有关核武器的机密情报和关键技术，撤走时又毁掉了所有带不走的资料，中国的核武器研制举步维艰。朱光亚提出，就从苏联专家所作报告中留下的"残缺碎片"入手！经过夜以继日的艰苦奋斗，中国的原子弹设计理论终于有了重大突破。

1962年9月，二机部提出争取在1964年下半年或1965年上半年爆炸第一颗原子弹的奋斗目标。为此，朱光亚编写了《原子弹装置科研、设计、制造与试验计划纲要及必须解决的关键问题》与《原子弹装置国家试验项目与准备工作的初步建议与原子弹装置塔上爆炸试验大纲》两份纲领性文件，明确提出核爆炸试验分"两步走"。后来的实践证明，这是一个切实可行的方案，对中央正确决策起到了关键作用。

1964年10月16日，我国第一颗原子弹爆炸成功。由于走错了路，朱光亚等人还没赶到山头的观测站，原子弹就爆炸了。看着正在升腾的蘑菇云，一向刚强内敛的他潸然泪下。那一晚，朱光亚生平第一次喝醉了酒。

仅仅过了2年零8个月，我国第一颗氢弹也爆炸成功。这两声巨响向全世界宣告：中国跻身核大国行列！

凭借对祖国的忠诚和对事业的执着，在当时极端恶劣的自然条件和极度简陋的设备条件下, 朱光亚等"两弹一星"元勋创造了奇迹: 从第一颗原子弹到安装在导弹上的核弹头, 美国用了13年, 苏联用了6年, 中国仅用了2年; 从原子弹到氢弹, 美国用了7年3个月, 苏联用了6年3个月, 中国则只用了2年2个月。

除了献身于中国的核武器事业, 朱光亚还组织指导了中国第一座核电站——秦山30万千瓦核电站的建设, 参加了改革开放以来历次国家科技中长期发展规划的研究制定, 为中国工程院的筹建发展等作出了重要贡献。2005年, 从国防科工委(现解放军总装备部)科技委主任的岗位上退休后, 80多岁的他依然关心着国家的科技事业。

五十春秋呕心沥血, 毕生奉献功勋卓著。回顾自己的一生, 朱光亚说: "我这一辈子主要做的就这一件事——搞中国的核武器。"

先写别人吧

1999年, 在中华人民共和国成立50周年之际, 中共中央、国务院、中央军委做出决定, 授予朱光亚等23名科学家"两弹一星"功勋奖章。

在同事眼里, 朱光亚广受赞誉。"两弹一星"元勋彭桓武曾称赞他"细致安排争好省, 全盘计划善沟通, 周旋内外现玲珑", "两弹一星"元勋程开甲称赞他"深思熟虑, 把握航道"。在领导看来, 他是"杰出的科技帅才"。

朱光亚本人则说: "核武器事业是集体的事业, 所有的荣誉都是集体的。我仅仅是其中的一员, 是一个代表。中国核武器事业倾注着集体的智慧和心血。有许多科学家、工程技术人员作出了杰出的贡献, 也有很多人做出了牺牲, 有些同志甚至贡献出了宝贵的生命。"

时至今日，朱光亚的故事依然鲜为人知。这一方面与他从事的事业有关，但同时也是他一贯低调的作风使然。多少年来，一直很少有描写他的文章，其实不是没有人写，而是写了文章到他那里过不了关，不是被扣下来，就是因不同意发表而被退回。他总说，先写别人吧，他的以后再说。

据中国工程院原秘书长葛能全回忆，2001年清华大学在建校90周年之际，为23位"两弹一星"元勋出了一本传记，送给全体校友。在这本数十万字的书中，朱光亚只提交了一篇文章《原子弹综述》。"这篇不到6000字的文章，写了当年中央怎么决策、科学家怎么攻关等，没有一个地方专门写他自己。"

2004年朱光亚80岁生日时，为表彰他对我国科技事业作出的杰出贡献，中科院国家天文台发现的、国际编号为10388号的小行星被命名为"朱光亚星"。在命名仪式上，他说："以我的名字命名一颗小行星，我很不敢当……我个人只是集体中的一员，做了一些工作。"

就按我说的办吧

尽管身居高位，朱光亚的生活却一直非常简朴。据曾在朱光亚身边工作了10年的秘书陈建平回忆，"他那时候经常穿着一件很旧的军装，对吃的也不讲究。他应酬非常少，很少有请别人吃饭或者别人请他吃饭的情况，一年大概也就那么几次，而且是非常近非常熟的关系。开会一般也不在外面吃饭。"

1996年10月，朱光亚获得何梁何利基金科学与技术成就奖，决定把100万元港币奖金全部捐给中国工程科技基金。

"我真的不忍心他这样做，因为我知道他的家庭经济并不宽裕，孩子的生活也都非常简朴。而100万元港币不是个小数目，即使存入银行，当时每年的利息也有不少呢。"据葛能全回忆，他当时建议朱光亚捐一部分，留一部分。朱光亚平静地说："就按我说的办吧。"

颁奖仪式结束，葛能全拿到奖金支票后，又忍不住向朱光亚重提自己的建议。朱光亚则表示："不变了。"

不仅如此，朱光亚还反复叮嘱葛能全，对自己捐款这件事不要宣传，不要张扬。很长一段时间内，就是中国工程院内部，很多人都不知道这件事。

据葛能全回忆，朱光亚把出差、访问收到的纪念品一律交公。"他交公的东西包括照相机、手机等这些当年还很高档、很贵重的东西，甚至廉洁到连一个杯子都上交。"

即便是1998年6月他离开中国工程院领导岗位时，也反复叮嘱："办公室里所有公费购买的书籍，一册也不能带走，都要整理好，做好移交。"

在《我们的父亲朱光亚》一书中，朱明远和夫人顾小英写道："宁静而致远，这就是父亲这位'两弹元勋'的人生境界，他正是以这样的淡泊名利和无私奉献成就了科技强国的伟业。"

院士不宜作为称谓

听多说少、严谨细致，是朱光亚留给人们的普遍印象。对此，中国工程院原院长徐匡迪印象尤其深刻。他回忆说，到北京工作后我去看朱院长，见面后简单向他报告，我已来报到，应该怎么着手工作，请他指点。当时光亚同志只是微笑着看着我不说话，大概有好几分钟。后来其他人讲了许多话，他只是不断点头。当我站起来要走的时候，他也站起来，坚持要送我到电梯口。从办公室到电梯口这段路，他拉着我的手，讲了一句话："工程院最重要的就是坚持院士标准，把好用人关。"

"朱院长虽然话不多，却非常关键，可以说语重心长。"徐匡迪不胜感慨。

对于朱光亚的严谨，与他打交道40多年的中国工程院原副院长杜祥琬颇有领教。他说，朱光亚曾是国家"863"计划领导小组的成员之一，负责航空航天和激光领域的工作。激光领域的专家每次开会他都参加，会后要写一个纪要，送他阅后再定稿。纪要中有一部分，写参加会议的有某院士、院长、所长等。"朱光亚看完后，拿起铅笔，很工整地在'院士'两个字上画了个圈，并在旁边写了一句话：院士不是职称，不是职务，只是一个荣誉称号，不宜作为一种称谓来用。"杜祥琬说，"之后我多次在不同的场合谈过朱光亚的这个意见，它的含义是深刻的，对于今天科技队伍的建设很有意义。"

认真细致到"极致"

在对父亲的回忆中，朱明远印象最深刻的就是父亲的认真细致，已经到了一种"极致"。他讲了这样一件事，有一次朱光亚在外面开会，让秘书回家取一份文件。"父亲告诉秘书说，那份文件在第几个保险柜，第几格，从左到右第几摞，从上往下数第几份。"

"在这方面，父亲对我的影响非常大。"朱明远说，在工作中他的细心在同事中一直是有口皆碑的，但在家里却常被父亲说是"马大哈"。

左图1 ◂
1947年，朱光亚在美国密执安大学研究生院，左起李政道、杨振宁、朱光亚

左图2 ◂
1948年，朱光亚在美国

左图1 ◂
1950年，朱光亚在美国与许慧君合影

左图2 ◂
1952年，朱光亚与夫人许慧君在北京大学

左图3 ◂
1965年，朱光亚（右）、钱学森（左）和邓稼先（中）在天安门城楼

左图1 ◂
朱光亚（左）、彭桓武（中）和邓稼先（右）在天安门城楼

左图2 ◂
1974年，朱光亚（右二）与李政道（右三）在长城

左图1 ◂
1974年全家福

左图2 ◂
朱光亚（左一）与钱学森（左二）

左图1 ◂
朱光亚在浇花

左图2 ◂
晚年的朱光亚与夫人许慧君

要学术民主

最让中国工程院首任常务副院长朱高峰难忘的，是朱光亚"民主作风突出、尊重别人"。他回忆说，在主席团会议和院办公会议上，大家都能畅所欲言，没有任何顾虑，有不同意见、有争议是经常的。"他善于倾听大家意见，在意见一时不能统一的时候，他不轻易决策，而是待大家思考后再议。"朱高峰举了一个例子：在成立工程管理学部问题上，工程院原本想在1998年的院士大会上表决通过，但当了解到院士中有较多不同意见时，朱光亚当即决定：在当次大会上不再表决，以后再议。

杜祥琬对此也有切身体验。1991年，朱光亚率团去美国，交流核军备控制的最新进展，这也是他1950年回国后首次出国。"在与美国科学家交流的过程中，虽然朱光亚是重大策划的牵头人与组织者，却很少说话，而是把发言的机会让给我国的中青年科学家，他只是在关键的时刻才作简短表述。"杜祥琬回忆说。

一直到晚年，朱光亚还特别强调"要学术民主"。2006年9月25日，在彭桓武院士科技思想座谈会上，他提交了书面发言《学习彭桓武先生培养创新型人才》。朱光亚详细回忆：彭先生说，他在英国留学时听他的师兄海特勒讲过这样一件事，20世纪三四十年代德国和法国理论物理学发展差别很大，德国很先进，人才济济；法国则不怎么样。造成这种情况的一个重要原因实际上是学术专制和民主的问题。为此，朱光亚指出："我们现在的科技界、教育界，尽管少有一统天下的权威人物，但是在有些单位内部，学术专制、学术垄断的现象不同程度地存在着，对开展创新工作、培养创新型人才非常不利。"

他在书面发言中还强调，"要给学生留下探索的空间""要鼓励独立思考"。他说，我们的传统文化不欣赏标新立异、与众不同，往往过于要求人们安分守己、与周围保持一致，非常不适合敢冒险、个性强的创新型人才成长。现在应该特别注意鼓励学生独立思考，只有这样才不至于人云亦云、亦步亦趋，才能培养出优秀的创新型人才。

"这就是父亲，多年来，一直习惯于默默地工作、默默地思考、默默地奉献、默默地以行动来影响与感召他周围的人。"在《我们的父亲朱光亚》中，朱明远、顾小英这样写道。他们说，之所以用自己的笔去跟随父亲的足迹，记下父亲在他们心中的一切，因为这是来自一颗纯洁无私的高尚心灵的心语，"对我们来说，这也是来自父辈的一份弥足珍贵的心理馈赠，它胜过世间一切有价的财富，它是真正的无价之宝。"

2011年3月完成初稿，2018年夏修改。

本文图片由朱明远先生提供。

屠呦呦：
青蒿一束展素心

屠呦呦，女，汉族，1930年出生于浙江省宁波市。抗疟新药青蒿素和双氢青蒿素的发现者，中国中医科学院（原卫生部中医研究院）终身研究员兼首席研究员、青蒿素研究中心主任。

屠呦呦的名字"呦呦"源自《诗经·小雅·鹿鸣》中的"呦呦鹿鸣，食野之蒿"。1948年进入宁波效实中学学习，1950年进入宁波中学就读高三。1951年，考入北京大学医学院药学系生药学专业。1955年毕业后到中医研究院中药研究所工作。

获得的主要荣誉有：拉斯克临床医学研究奖、诺贝尔生理学或医学奖、国家最高科学技术奖。

　　作为首位荣获诺贝尔奖的中国本土科学家，屠呦呦荣获2016年度国家最高科学技术奖后，可能又创造了一个"唯一"：在2000年至今获得此奖的近30位科学家中，她是唯一婉拒媒体采访的。

　　我们只能从她同事和学生的回忆中，想见其人其事、其心其志了。

临危受命

　　1969年1月底，39岁的研究实习员屠呦呦，忽然接到一项秘密任务：以课题组组长的身份，研发抗疟疾的中草药。

　　疟疾，中国民间俗称"打摆子"，是由疟原虫侵入人体后引发的一种恶性疾病，已经在全球肆虐了几千年，患者得病后高热不退、浑身发抖，重者几天内就会死亡。19世纪，法国化学家从金鸡纳树皮中分离出有效的抗疟成分——奎宁；第二次世界大战期间，科学家又发明了奎宁衍生物——氯喹，并成为治疗疟疾的特效药。但到20世纪60年代，疟原虫对氯喹产生了耐药性，疟疾再次在东南亚爆发。在越南战争中，疟疾成为比子弹、炸弹更可怕的敌人，严重影响了美越双方的部队战斗力。美国为此专门成立了疟疾委员会，投入大量人力物力研究新型抗疟药物。到1972年，美国筛选了21.4万种化合物，但都无果而终。

　　应越南的请求，在毛泽东、周恩来的指示下，中国从1964年起开始抗疟药研究。1967年5月23日，国家科学技术委员会和解放军原总后勤部在北京召开"抗疟防治药物研究工作协作会议"，代号为"523"项目的大规模药物筛选、研究在全国7省市展开。截至1968年，多家参与研究的科研机构筛选了万余种化合物和中草药，均未取得理想结果。在这种情况下，1969年1月21日，中医研究院受命加入"523"项目。

她的同事、曾任中药研究所所长的姜廷良研究员告诉记者，当时正值"文革"，年老的专家"靠边站"，大学时学生药学、毕业后又脱产学习过两年中医、科研功力扎实的屠呦呦，遂被委以重任。

"屠呦呦的责任感很强，她认为既然国家把任务交给她，就要努力工作，一定要把这个事情做好。"据屠呦呦的同事、中药研究所廖福龙研究员介绍，由于屠呦呦的丈夫李廷钊被下放、两个孩子无人照看，她就把4岁的大女儿送到托儿所全托班，小女儿送回宁波老家由老人照顾，自己则全身心投入抗疟中草药的研发。

历经波折

最初，课题组只有屠呦呦一个人。阅读大量历代中医典籍、查阅群众献方、请教老中医专家……她用3个月时间，收集了包括植物药、动物药、矿物药在内的2000多个方药，并在此基础上编辑成包含640个方药在内的《疟疾单秘验方集》，送交"523"办公室。

此后，屠呦呦以常山、胡椒、青蒿等为主要对象，进行重点研究。截至1971年9月初，她和同事对包括青蒿在内的100多种中药水煎煮提物和200余个乙醇提物样品进行了各种实验，但结果都令人沮丧：对疟原虫抑制率最高的只有40%左右。

"重新埋下头去，看医书！"脾气倔强的屠呦呦又开始用心阅读古代中医典籍，从中寻找灵感。一天，她在阅读东晋葛洪《肘后备急方》时，其中的一段话令她醍醐灌顶："青蒿一握，以水二升渍，绞取汁，尽服之。"

屠呦呦意识到：温度是提取抗疟中草药有效成分的关键！经过周

密思考，屠呦呦重新设计了新的提取方案，从1971年9月起对既往筛选过的重点药物及几十种候补药物，夜以继日地进行实验，结果证明：青蒿乙醚提取物去掉酸性部分，剩下的中性部分抗疟效果最好。

1971年10月4日，在历经多次试验失败后，"幸福终于来敲门"：191号青蒿乙醚中性提取物对鼠疟原虫的抑制率达到100%！

以身试药

"获得有效样品只是第一步，要应用还必须先进行临床试验，这就需要大量的青蒿乙醚提取物。"姜廷良回忆说，当时找不到能配合的药厂，课题组只好"土法上马"：用7个大水缸作为提取容器，里面装满乙醚，把青蒿浸泡在里面提取试验样品。

"乙醚等有机溶剂是有害化学品，当时实验室和过道里都弥漫着刺鼻的乙醚味道。"姜廷良说，当时设备设施简陋，没有排风系统，更没有防护用品，大家顶多戴个纱布口罩。

在这样的环境中日复一日的工作，科研人员除了头晕、眼胀，还出现鼻子流血、皮肤过敏等症状，但没有一个人叫苦叫累。

这还不算。临床前试验时，个别动物的病理切片中发现了疑似毒副作用。到底是动物本身存在问题，还是药物所致？搞毒理、药理实验的同事坚持认为：只有进行后续动物实验、确保安全后才能上临床。

为了不错过当年的临床观察季节，屠呦呦向领导提交了志愿试药报告，并郑重提出："我是组长，我有责任第一个试药！"

1972年7月，屠呦呦等3名科研人员一起住进北京东直门医院，成为首批人体试验的"小白鼠"。经过一周的试药观察，未发现该提取物对人体有明显毒副作用。

当年8—10月，屠呦呦亲自带上样品，赶赴海南省昌江县疟疾高发区，顶着烈日跋山涉水，在患者身上试验，完成了21例临床抗疟疗效观察，效果令人满意。

此后，课题组再接再厉：1972年11月获得青蒿素晶体，1973年上半年完成了系列安全性试验，当年秋天用青蒿素胶囊在海南省进行了首次临床试用；与中科院生物物理所、中科院有机所等单位合作，于1975年年底测定了青蒿素的化学立体结构。结果表明，青蒿素是一种不含氮、结构完全不同于氯喹的全新药物！

1977年，经卫生部（今卫健委）同意，研究论文以"青蒿素结构研究协作组"的名义在《科学通报》上发表，首次向全球报告了这一重大原创成果。1986年10月，青蒿素获得卫生部（今卫健委）颁发的《新药证书》。

不仅如此。1973年9月，屠呦呦课题组还首次发现了疗效更高的双氢青蒿素。1992年，她历时多年主持研发的青蒿素类新药——双氢青蒿素片获得《新药证书》，并转让投产。该研发项目当年被评为"全国十大科技成就"，是屠呦呦对中国乃至世界作出的又一重要贡献。

找上门来的国际大奖

2000年以来，世界卫生组织把青蒿素类药物作为首选抗疟药物，在全球推广。"2005年，全球青蒿素类药物采购量达到1100万人份，2014年为3.37亿人份。"姜廷良介绍说，世界卫生组织《疟疾实况报道》显示，2000—2015年，全球各年龄组危险人群中疟疾死亡率下降了60%，5岁以下儿童死亡率下降了65%。"复方青蒿素作为主导药物，起了相当大的作用。"

青蒿素在国际上被誉为"东方神药"，名副其实。

实至名归的，还有屠呦呦荣获的两个国际大奖：2011年拉斯克临床医学研究奖和2015年诺贝尔生理学或医学奖。这两项大奖，均为中国本土科学家的"零突破"。

> "在人类的药物史上，如此一项能缓解数亿人疼痛和压力，并挽救上百个国家数百万人生命的发现的机会并不常有。"——拉斯克奖评委、斯坦福大学教授露西·夏皮罗这样评价青蒿素；
>
> "屠呦呦是第一个证实青蒿素可以在动物体内和人体内有效抵抗疟疾的科学家。她的研发对人类的生命健康贡献突出，为科研人员打开了一扇崭新的窗户。"——诺贝尔生理学或医学奖评委让·安德森如此评价屠呦呦的贡献。

对于这两个全球瞩目的国际大奖，屠呦呦本人的反应如何？

> 对于拉斯克奖，她说："这是中医中药走向世界的一项荣誉。它属于科研团队中的每一个人，属于中国科学家群体。"
>
> 对于诺贝尔奖，她说："这不仅是授予我个人的荣誉，也是对全体中国科学家团队的嘉奖和鼓励。"

右图1 ▶
1949年，高中时的屠呦呦

右图2 ▶
1952年，佩戴"北京大学"校徽的屠呦呦

右图1 ▶
1955年，屠呦呦进入卫生部（今卫健委）中国中医科学院中药研究所实验室工作

右图2 ▶
1979年9月，抗疟新药——青蒿素获国家科学技术奖二等奖

右图1 ▶
1982年10月，屠呦呦参加全国科技奖励大会并领取发明证书及奖状

右图2 ▶
1985年2月，屠呦呦在进行实验

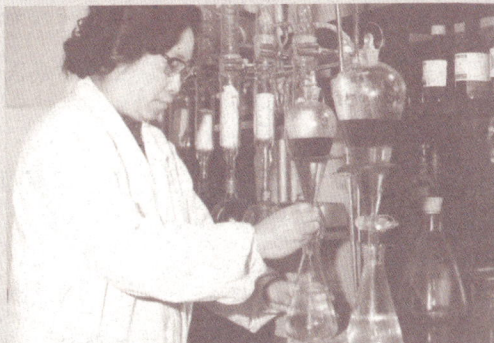

右图1、右图2 ▶
青蒿及其制品

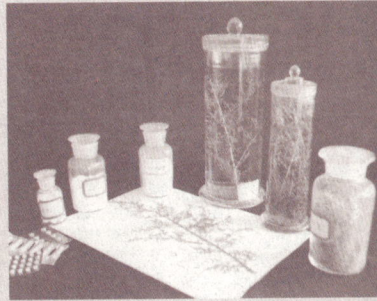

上图1 ▲
屠呦呦领取拉斯克奖

上图2 ▲
屠呦呦（前排中）与2011年拉斯克奖评委和获奖人员合影

上图1、上图2 ▲
2015年12月10日，在瑞典首都斯德哥尔摩音乐厅举行的2015年诺贝尔奖颁奖仪式上，屠呦呦领取诺贝尔生理学或医学奖

上图3 ▲
2015年12月，屠呦呦在瑞典首都斯德哥尔摩发表演讲

上图 ▲
诺贝尔奖证书

上图 ▲
诺贝尔奖奖章

　　"当我在台下听到这句话时，特别感动！"陪同屠呦呦到斯德哥尔摩领奖的中国中医科学院院长张伯礼回忆说，"虽然青蒿素是特殊时期团队协作的结果，但屠呦呦的发现起到了非常关键的作用。在过去很长一段时期，我们强调集体，忽视了对科学家首创贡献的认可。"

　　"其实这两个大奖都是主动找上门来的。"廖福龙说，"对于名利她真的是非常淡泊，只要自己的研究得到认可，她就很满足。对于国际奖项，她更看重的是'为国争光'。"

　　国家中医药管理局科技司司长曹洪欣曾于2003—2011年担任中国中医科学院院长，他说了这样一件事："2009年中医科学院推荐屠呦呦参评第三届唐氏中药发展奖，她听说后直接打电话给我表示拒绝：'我这么大岁数了给我干嘛？不要推荐我！'"

　　屠呦呦获得的诺贝尔奖奖金为46万美元，折合成人民币是300多万元。据张伯礼介绍，屠呦呦将其中200万元分别捐给北京大学医学部和中医科学院，设立了屠呦呦创新基金；其余的则用于支付她和同事、家人到瑞典领奖时的相关费用。

媒体采访基本拒绝

　　每年的国家最高科学技术奖正式颁奖之前，负责国家最高科学技术奖评审具体事宜的国家科技奖励办公室，都会提前几天组织人民日报社、新华社、中央电视台等中央媒体的记者，对最高科学技术奖得主进行集体采访。

　　这次也不例外。2017年1月4日上午，国家科技奖励办公室组织10多位央媒记者，在国家中医药管理局（屠呦呦参评的推荐单位）一楼的贵宾会议室，准备集体采访屠呦呦。

结果很悲催——携带长枪短炮、录音笔、笔记本电脑，以及精心准备的采访提纲，满怀期待、乘兴而去的记者同志们，又被老太太"放鸽子"了。

国家科技奖励办公室负责人对满脸失望的记者们说："实在抱歉，屠呦呦先生因为'身体欠佳'不能到场，由她的几位同事接受大家采访。"

所谓"身体欠佳"，可能只是借口罢了。就在2016年12月25日，北大校友、中国科协名誉主席韩启德和北大党委书记郝平一行，还到屠先生家给她提前庆生。从北大网站上刊发的几张照片看，老太太虽然说不上"鹤发童颜、精神矍铄"，但也是行动自如、气色不错，又签名又合影，身体"杠杠滴"。

这不是屠呦呦第一次"婉拒"媒体采访。

2011年，屠呦呦荣获美国拉斯克奖，这是该奖设立65年来首次授予中国科学家。要知道，拉斯克奖素有"诺奖风向标"之称，获得该奖的多位科学家，后来都成为诺贝尔奖得主。所以，屠呦呦获奖的消息公布后，国内一方面欢欣鼓舞，另一方面也是争议四起，特别是一些参加过"523"项目的人，更是愤愤不平：发现青蒿素是一项集体成果，数十家科研单位、近千名科研人员参与其中，为什么拉斯克奖只颁给屠呦呦一个人？

面对波涛汹涌的质疑，换了别人肯定要开个新闻发布会什么的，"解疑释惑""澄清是非"。但屠呦呦出奇的淡定，"躲进小楼成一统，管他冬夏与春秋"。

更惨的是2015年10月5日，那天屠呦呦获诺贝尔奖的消息传开后，各路记者蜂拥而至（有的还是从外地"打飞的"赶到北京的），在她家门口苦苦守候，结果老太太硬是一个也没见。

不习惯场面上的事儿

被"放鸽子的",不只是媒体记者。

2015年12月初,屠呦呦从首都国际机场坐飞机前往瑞典斯德哥尔摩参加诺贝尔奖颁奖典礼。根据事先的约定,副部级的某管理局局长,专程赶到第三航站楼为屠呦呦送行。结果,局长一行在贵宾室左等右等,始终不见老太太的身影。

原来,老太太已经悄悄办完登机手续,溜之大吉!

2016年1月4日,为奖励我国著名科学家的杰出成就,经中科院国家天文台提议、国际天文学联合会批准,有关部门在北京钓鱼台国宾馆举办了一个"永久性小行星命名"活动。小行星是各类天体中唯一可以根据发现者意愿进行提名并得到国际命名的天体,其命名是世界公认的记载褒奖杰出人士的一种方式——能以自己的名字命名苍穹中的一颗小行星,无疑是莫大的荣光。

获得此次"永久性小行星命名"的,共有5位科学家,除了屠呦呦,其余4位都是历年国家最高科学技术奖获得者,年龄与屠呦呦不相上下。结果,其他4位科学家都去了,唯独她"身体不适"请假了。

没有什么改变

"屠呦呦性格的倔强、对工作的执着,谁也改变不了。"曹洪欣笑着说,"我曾多次陪有关领导给她拜年,领导都会问她生活上有没有困难,她从来没提过什么困难,但一说到青蒿素,她眼睛就发亮,而且直言不讳。比如,她多次跟我讲:要未雨绸缪,关注青蒿素的耐药性研究,否则迟早要出问题。"

　　"工作就是她的爱好，或者说她的工作跟生活是一体的。"1995年加入屠呦呦团队的杨岚研究员说，"我觉得她整天想的就是青蒿素，怎么把它继续做下去、让它的作用发挥到极致。"

　　据介绍，近些年来屠呦呦一直关注青蒿素"老药新用"的问题——研发可能的适应证药物。可喜的是，青蒿素治疗红斑狼疮药物的动物实验疗效不错，目前已经获得临床批件。

　　荣获国际大奖后，屠呦呦的生活发生了哪些改变？

　　"据我了解，没有什么改变。"廖福龙说，"如果说有改变，就是家里的电话多了，她有点不适应。包括媒体采访，她基本谢绝，她希望外界不要打扰她的生活，让她能安安静静地做自己的事。"

　　　　　　　　　　　　2017年1月完成初稿，2018年夏修改。
　　　　　　　　　　　　本文图片由中国中医科学院提供。

徐凤翔：

永远年轻的"森林之女"

徐凤翔，女，汉族，1931年出生于江苏省丹阳市。西藏农牧学院森林生态学、高原生态学教授，西藏高原生态研究所创建人、第一任所长，北京灵山生态研究所创建人、所长。

1955年毕业于南京林学院（现南京林业大学），并留校任教。1978—1980年援藏，1981年起每年进藏考察，1985年正式调入西藏。1995年退休后在北京建立灵山生态研究所和北京灵山西藏博物园。

她前后历时60多年研究我国生态环境与森林资源；后期40年，重点考察西藏的生态资源，考察行程超过18万千米、勘察林区20余处，获得大量珍贵的数据、标本和图像资料，在许多方面填补了高原生态研究空白，并生发出若干生态理念。

著有《中国西藏山川植被》《西藏高原森林生态研究》（荣获1995年中国图书奖）《西

藏高原森林生态景观》《西藏野生花卉》《灵山野花》《走进高原深处》等。

获得的主要荣誉有：国家环境保护总局（现国家生态环境部）和香港"地球之友"联合颁发的"地球奖"等。

～～～～～～～～～～～～～

不知怎的，近年来时常暗自感慨：自己老了。

但当一想到徐凤翔先生的时候，就很为自己的这个想法惭愧。

20世纪90年代中期我在《西藏日报》工作的时候，我的恩师、曾任西藏美术家协会主席的余友心先生向我郑重推介过两位女性：一位是藏族歌唱家才旦卓玛，另一位就是女作家黄宗英报告文学《小木屋》中的女主人公徐凤翔。

余先生告诉我：才旦卓玛是歌坛常青树，从19岁唱到现在，年过半百了还是名副其实的金嗓子；徐凤翔是西藏高原森林生态研究的开拓者，她中年时孤身一人来到西藏、常年在野外考察——像她这么勇敢、刚毅的人，男的也找不出第二个！

是啊！徐凤翔47岁时离夫别子、单身赴藏，在林芝创建了第一座"小木屋"，开高原森林生态研究之先河；65岁下高原，在北京灵山创建第二座"小木屋"，传生态环保之道；此后4次重归高原，探密林、访"故人"，这期间一直笔耕不辍。

与生于1931年的"80后森林之女"相比，自己岂敢"言老"？

一个一个、一群一群、一批一批知识的苦力，智慧的信徒，科学与文化的"朝佛者"啊，我们也是一步一步跪地在险路上走着。凭是怎样的遭遇，我们甘心情愿，情愿甘心。

——摘自徐凤翔的"科学知己"、作家黄宗英的报告文学《小木屋》

"感谢各位朋友冒着暑热，来给我这个'80后'老太婆指教。"2013年夏，在中国环境出版社举行的《高原梦未央》新书发布会上，该书的作者徐凤翔向与会者颔首致谢。

白色的衬衫、褐色的长裙、灵动的眼神、轻盈的脚步、敏捷的才思、火一般的热情……让人忽略了她的年龄——82岁。

"我有幸终生从事林业研究和生态环保事业，受教于大自然。尤其是在年近半百之时，往返跋涉于大高原的苍天厚土……"在随后举行的"走进高原深处"报告会上，徐凤翔娓娓道来，回顾她倾其一生的高原梦、生态情——

47岁孤身赴藏，开高原生态研究之先河；65岁下高原，在北京灵山创建第二座"小木屋"，传生态环保之道；此后陆续著论，报高原培植之恩，还亲友相助之义……

讲者动情，听者动容。

文学少女走进"林家大院"

1931年，徐凤翔出生于江苏省丹阳市。江南水乡钟灵毓秀，良好的家庭教育的熏染让少女时期的她做起了文学梦。后来一个偶然的机会，却把这位文学少女引入"林家大院"。

那是1950年，徐凤翔在家照顾因中风卧床养病的父亲，有空时常跑到附近的新华书店看书。一次，她无意中读到《中国林业》杂志创刊号上中华人民共和国首任林垦部部长梁希的文章。"让黄河流碧水，把赤地变青山。使河山装成锦绣，将大地绘成丹青，新中国的林人同时也是新中国的艺人……"诗一样的语言、特有的时代激情，让她转入"林家大院"。

在南京林学院森林系学习4年后，徐凤翔被分配到南京林学院任教，讲授森林生态学课程。在此后的20余年里，除了日常的教学科研，她特别钟情于野外考察。东北林区的松涛、西南林区的杉影……徐凤翔考察了除西藏之外的主要林区，并沉迷其中，为后来的高原生态研究打下了坚实的基础。

"科学文成公主"进藏

1978年，南京林学院接到援藏任务：派一名森林生态学专业教师赴藏任教。获知这一消息，已是人到中年、儿女成双的徐凤翔热血沸腾："柳丝千条缚不住，壮心飞向珠峰麓。"在家人的支持和领导的帮助下，她终于获准入藏。

"任重道远赴边疆，夕照征途鞍马忙。毋须反顾江东岸，留得余晖育栋梁。"徐凤翔以诗言志，与丈夫范自强道别。范老师以诗唱和，为妻子壮行："别时容易见不难，春风又度玉门关。他年再等江南岸，绿水青山展笑颜。"

经过艰苦的长途跋涉，年近半百的徐凤翔由川入藏，独上高原。到达位于林芝地区的西藏农牧学院后，她热泪盈眶：经过20余年的努力争取，终于进门了、回家了！

除去个人衣被，徐凤翔还带来了测树、测土、林分调查、气象观测等的教学用具和一批专业图书。农牧学院的段书记笑称："'科学文成公主'带着嫁妆进藏了！"

除了在课堂上讲授森林生态学、植物生理学、果树生态学等课程，徐凤翔还特别重视野外考察，常常带领学生到野外采集标本、调查标地、分析组分结构、观测季象变化，为西藏培养了大批的优秀生态学人才。

再上高山归林海

两年援藏期满，徐凤翔赴京汇报，一是向林业部汇报教学任务和科研考察结果，二是向国家科委力陈开展西藏高原生态研究的意义，并申请创建高原生态研究所。占国土面积1/4的青藏高原与周边地区的巨大高差，形成一个独特的地理单元；海拔8000多米的珠穆朗玛峰是群山之首，更是全球高原生态"网络"的核心。此后，她更是鲜明地提出：中国的西藏高原是全球的生态制高点！

"国家应尽快开展高原生态研究及其保护！"经过6年的多方吁请，54岁的徐凤翔于1985年正式调任西藏，重上高原。她赋诗一首，表达自己喜悦的心情："松涛声声迎远客，雅江滔滔洗征帆。重上高山归林海，面壁十年也心甘。"

建所报告通过后，她连续三天"赖"在时任西藏自治区政府副主席拉巴平措的家门口。拉巴平措深受感动，特批60万元经费。徐凤翔精打细算，在尼洋河畔建了一座2600平方米的科研小楼，购进了一批观测设备。这座以木质结构为主体，集办公、住宿、观测、育苗于一体的"科学小庙"，被她亲切地称为"高原小木屋"。

左图1 ◀
20世纪80年代，作家黄宗英（右）赴藏采访徐凤翔（左）时，二人策马同行

左图2 ◀
20世纪80年代，作家黄宗英赴藏采访徐凤翔时，在野外搭建的帐篷里做饭

左图1 ◀
位于西藏林芝的"高原小木屋"，海拔2970米

左图2 ◀
1995年，徐凤翔离开西藏前在"高原小木屋"拍照留念

左图1 ◀
中年徐凤翔在西藏野外考察

左图2 ◀
2013年夏，"80后"徐凤翔和她的新作《高原梦未央》

左图3 ◀
徐凤翔在北京灵山生态研究所的陈列室向游客介绍西藏的植物（赵永新 摄）

左图1 ◀
2018年8月，徐凤翔驻足海拔5200米的米拉山口

左图2 ◀
2018年8月，徐凤翔重归"高原小木屋"

左图1 ◀
北京灵山小木屋，1996年建

左图2 ◀
书法家周谷城为"西藏高原生态研究所"题写所名

左图3 ◀
北京灵山生态研究所大门一侧（赵永新 摄）

寂寞，也不寂寞

"努力揭示西藏高原生态特色，合理开发西藏高原自然资源。"这副对联，道出了高原生态研究所的宗旨。

"科学小庙"规模虽小、人员虽少，却是我国高原生态研究的摇篮。徐凤翔的爱人范自强利用假期赴藏，帮助设计建起了分析实验室。他们对尼洋河、雅鲁藏布江的水质和高山松脂、沙棘果实等进行成分分析，为后来的开发利用提供了科学依据。除了在所内建立常年定位站，研究所还在农牧学院和色季拉山的东西坡上设立了观测点，常年开展高原生态定位研究，观测、采集了林分生长、树冠径流、地表植物等科学数据。

野外考察是研究所的重头戏。从海拔800米的亚热带林区到5400米的珠峰大本营，从不通公路的墨脱到人烟稀少的那曲，从道路奇险的金沙江两岸到崖陡流急的雅鲁藏布江大峡湾……徐凤翔野外考察行程超过18万千米，其中骑马2000多千米、步行近3万千米。通过实地考察，她获得了大量宝贵的第一手数据、标本和图像资料。

其间，她带领同事对西藏的主要生态类型，特别是森林类型的生物组合、结构和生长、分布规律、资源价值、保护利用方法等，进行了系统的调查分析，创立了西藏高原生态学，并推动了岗乡高蓄积量林芝云杉林、巨柏林等生态与珍稀物种的西藏多个自然保护区的建立。

塌方滑坡、蘑菇中毒、疟疾发作、蝗虫附身、狼群围困……面对常人难以想象的困难，徐凤翔处之泰然、从容应对。西藏农牧学院学生岗珠，至今难忘徐老师的"精神会餐"：在断粮断炊、忍饥挨饿之时，徐凤翔让大家发挥自己的想象力，"做"一桌丰盛的佳肴……

如今，藏东南地区的一些老人依然记着徐凤翔当年的形象：上下鼓鼓囊囊（仪器设备），左右瓶瓶罐罐（土样、水样标本），遇车伸出"熊掌"（途中招手，请求搭便车）。

常有人问徐凤翔："你不寂寞吗？"徐凤翔如实相告："寂寞，也不寂寞。"野外科考时，有丰富多样的树木草虫为伴，哪来寂寞？回到研究所后，忙于资料整理，没有时间寂寞。

人非草木，孰能无情。闲暇之余，孤独寂寞和思亲之情悄然来袭。"妈妈把草木当儿女养，把我们当草木养"，想起儿子形容自己的话语，她深感内疚。晨昏月夜，遥望千里之外的江南小家，徐凤翔只能自我排解！

还好，灵动婉转的西藏画眉、会讨奶喝的小熊"鲍比"、伏膝舔手的小狗"阿信"……这些大自然的生灵，成为陪伴她的好友。

北京灵山续梦

华夏西隅，登高纵览：观高原无限，雪峰高耸……而今自然灾害频发，人为索取不断，绿荫褪色，大气增污……更令人担忧者：公众多陶醉于建设之快速，沉湎于经济之繁荣，游乐于山水之伤残，而较少为生态危机忧虑，为保护生态竭力。想吾世人，应直面神州，自思自检，及时醒悟，善待自然……

这段发人深省的话，来自徐凤翔构建的第二座小木屋——北京灵山生态研究所的展览室前言。

1995年，由于身体原因，在西藏工作18年的徐凤翔离开了她眷恋的大高原。她本可以在家含饴弄孙、颐养天年，但未竟的高原之梦，时时萦绕于心头：一是为雪域高原正名——西藏并非荒凉的"生命禁区"，而是生态类型多样、物种丰富的风水宝地；二是开展环保科普教育，传播生态保护之道。

她下了高原，再上灵山。位于北京西郊的灵山，海拔2300多米，被徐凤翔称为"北京的珠穆朗玛"。经多方游说、化缘，北京灵山生态研究所终于在1995年12月正式挂牌。最大的"贺礼"，是从藏东南运来的一批花草苗木，包括高原生态研究所的"所树"——雅鲁藏布江柏木和"所花"——大花黄牡丹。

造型装饰很像"西藏小木屋"的灵山生态研究所，内设中国高原生态纵览展室、灵山生物多样性展室、生态教学楼等。院内的80余亩园圃和温棚，引种成活了来自西藏和其他地方的近百种乔灌草植物。10多年来，灵山生态研究所先后接待参观者2万多人次，被誉为"独特的生态科教园地""绿色的藏汉团结纽带"。

鉴于在西藏高原生态研究和环境保护上的独特贡献，2003年徐凤翔获得了国家环境保护部和香港"地球之友"联合颁发的"地球奖"。

高原梦未央

此生阅历千重山，心波浩渺难驻鞍。古稀之年的徐凤翔依然壮心不已——

2001年，70岁的她再上高原，考察珠穆朗玛冰雪荒原、藏北高寒草原—草甸、藏东南色季拉山林区；2002年，考察新疆北部的阿尔泰—喀纳斯、天山—伊犁和塔里木河胡杨林区；2003年，考察滇西高黎贡山、梅里雪山、泸沽湖林区。

之后，她又东赴日本、北飞美洲、进入北极圈、南下亚马孙丛林及澳洲……通过生态对比性考察，徐凤翔对我国的生态保护和资源利用有了更深切的感悟。

　　一路走来，一种责任感油然而生，挥之难去：自己大半生奔走在大自然、大高原的天地间，深受自然万物启悟之恩、身负社会亲朋相助之义。所受大恩，焉能不报？所负大义，岂能忘还？

　　一介书生，只有以文相报。80岁时，她决定再写一本新书，以报恩偿债。

　　此前，徐凤翔已出版《森林生态系统与人类》《中国西藏山川植被》《西藏高原森林生态研究》《走进高原深处》等多部著作。在她看来，这些以专业论述为主的书，未能反映自己数十年专业考察中的"景中之情"。

　　在《高原梦未央》一书的写作过程中，先是老伴儿范自强猝然离世，后是自己被查出肠道肿瘤……"一息尚存、不落征帆"，坚强的徐凤翔没有倒下，忍痛前行。经十年酝酿、三年熬炼，图文并茂、情理交融的《高原梦未央》一书终于付梓。

　　在图书发布会上，她把自费购买的2000本书分赠给有关部门和友人，充满感情地说："希望今天在场的朋友都能当我的邮递员、通讯员，把自然之道传递给更多的朋友。"

不是尾声

　　"徐老师好，您在哪儿啊？"2018年8月的一天，几年没和徐凤翔联系的我拨通了她的手机。

　　"我回老家了！"手机里传来既熟悉又欢快的声音。

　　"'老家'是哪儿？"我一时没反应过来。

　　"西藏的高原大地、林海草场啊。"她的声音里透着得意。

　　"啊？！"我一下子愣住了。

我暗自算了一下：老太太已经88岁了。西藏因为高寒缺氧，一些年轻人都视为畏途——徐先生这么大年纪了还敢去冒险？

"徐老师，您身体行不行啊？"

"不用担心，一点儿高原反应都没有！"她笑着说，"在上帝收留我之前，再重返故地、访'老友'、观蓝天。"

关掉手机，我忽然想起西藏老乡给徐先生起的藏语名字——辛那卓嘎，翻译成汉语是：森林之女。

森林的女儿，怎么会老呢？

2013年完成初稿，2018年夏修改。

本文除了注明摄影者的图片，其余均由徐凤翔先生提供。

做全球最好的抗癌药

王晓东

俞德超

研发新药济苍生

邓兴旺

难忘遥远的小山村

施一公

为而不争

我不能辜负大家的期望

王印祥 专业优雅

朱健康

从象牙塔回归田野

邓兴旺：

难忘遥远的小山村

人物
小传

邓兴旺，男，汉族，1962年出生于湖南省沅陵县。植物生物学家，美国国家科学院院士，原耶鲁大学终身教授，北京大学现代农学院院长。

1978年考入北京大学生物系。1985年赴美留学，在加利福尼亚大学（简称"加州大学"）伯克利分校攻读博士学位；1989年提前获得博士学位，之后在加利福尼亚大学伯克利分校-美国农业部联合中心做博士后研究。1992年元旦起在耶鲁大学生物学系任教，先后担任助理教授、副教授、终身副教授、终身教授，于2003年成为终身冠名教授。2000年被北京大学聘为长江学者特聘讲座教授。2001年担任北京大学-耶鲁大学植物分子遗传学及农业生物技术联合研究中心主任。2003—2008年担任北京生命科学研究所共同所长；2013年当选美国国家科学院院士。2014年辞去耶鲁大学终身教授教职，全职到北京大学工作并开始筹建北京大学现代农学院。

邓兴旺长期从事植物光合作用及光信号转导研究工作，在国际植物光信号转导领域开辟了一个新的研究领域。他领导的研究组在包括《细胞》《科学》《自然》等国际最有影响力的刊物上共计发表研究论文300多篇，他们的研究工作形成了国际植物光信号转导和光控发育的理论体系，其研究结果成为该研究领域的国际标准。

获得的主要荣誉有：美国总统青年教师奖、全球植物分子生物学最高奖——Kumho科学国际奖（The Kumho Science International Award）、《自然》杂志"杰出导师奖"。

~~~~~~~~~~~~~~

2013年4月30日深夜，"千人计划"学者、北京大学讲座教授、耶鲁大学终身教授邓兴旺博士接到电话：他在美国国家科学院第150届年会上被增选为院士。

在同年5月1日上午的电话采访中，这位美国国家科学院"新科"院士念念不忘的，是自己的出生地——湖南湘西一个偏僻的小山村。

35年前，他离开那个遥远的小山村，走向北京、走出国门；15年前，学有所成的他从大洋彼岸回归，转向自己出生的小山村，越走越近。

"完全靠脚走路"的山里娃

1978年夏大，不到16岁的邓兴旺怀揣着乡亲们给他赞助的70元钱——总共是100元，其中30元买了火车票——告别怀化市沅陵县北溶乡三八管坪村，生平第一次离开沅陵县、第一次坐上火车，到千里之外的北京大学求学。

电灯、普通话……初到北大，一切都是陌生的。通过与室友交谈，班里年龄最小的他发现：与城里的同学相比，自己读的书、知道的东西太少了。之前他连自行车都没骑过，更不用说摩托车、录放机和邓丽君的歌曲了。

这个之前"完全靠脚走路"的山里娃并没有自卑。贫困的家境，练就了他肯吃苦、能坚持、任何机会都不放过的个性。他坚信：只要自己努力，就一定可以赶超别人！

进北京大学之前，他都没听说过"生物学"这个名词，更谈不上喜欢。从翻译过来的教科书、极少的影印外文书中，他渐渐喜欢上了生物。每月14.5元钱的助学金，帮助他顺利考上硕士研究生，并立志从事充满未知的植物生物学研究。

硕士研究生临近毕业时，他与许多同学一样，打算到美国留学。当时申请美国的每所学校基本要先交30～60美元的申请费，根本拿不出这么多钱的邓兴旺向几所美国大学提出：能否暂时免我的申请费，等我入学后再补交？最后，他获得加利福尼亚大学伯克利分校的同意，并顺利通过了该校委托中国知名学者汤佩松教授进行的面试。

1985年8月，邓兴旺装着自己借来的50美元，踏上了留学之路。

不要相信别人说的话

"到美国的第一感觉，是人生地不熟。"邓兴旺笑言。赶到伯克利分校时已是晚上，除去打车钱，他只有25美元，根本住不起旅店。多亏有位华裔出租车司机帮忙，把他拉到校园附近的中国留学生合租公寓，在那儿借住了一晚。

虽然伯克利分校的氛围很宽松，但他还是感受到压力：语言有障碍、专业水平太低。但与每月800美元的全额奖学金和世界一流的研究条件相比，压力算不了什么。邓兴旺说："这里的条件比当时国内好太多，不多学点儿就亏了嘛！"

说归说，实际研究并不轻松。自读博士起，他就一直从事"植物光形态建成及光信号转导研究"，以搞清楚植物对光的感知并调控生长以适应其周边环境的基本原理。在20世纪80年代中期，这还是未知的"黑暗世界"。在这一前沿课题研究过程中，难免会碰到看不见的"高墙"。

一堵堵"高墙"并没有阻挡他前进的脚步。满怀探求未知世界的强烈欲望，邓兴旺凭借优秀的研究成果获得了学术界的认可——

1995年，他因在调控植物光形态建成的有关基因的研究中所取得的杰出成绩，荣获"美国总统青年教师奖"；

1998年被耶鲁大学聘为终身教授；

2003年，他成为该年度"国际植物分子生物学大会"Kumho科学国际奖的唯一获得者……

截至目前，邓兴旺领导的研究组累计在国际权威学术刊物上发表研究论文300多篇，其中《细胞》7篇、《自然》3篇、《科学》3篇；每篇论文平均被引用次数达70次。其研究组创立了国际植物光信号转导和光控发育的理论体系，其结果成为该研究领域的国际标准。邓兴旺本人，也因此成为国际植物生物学研究领域的领军人物。

说到成功，他强调了两点：一是从那么穷的山村走出来，到了外边感觉条件太好，只要努力肯定会有所作为；二是在乡村里读小学、中学时练就了吃苦耐劳、决不放弃的本领。"不是碰到困难就放弃，而是想方设法克服它！"

他还有一个"怪论"：不要相信任何别人说的话。"成功之路很难重复，按照别人的做法做不一定成功。把握好自己的现状、用好自己目前的条件，努力做就好了。"

我并没有觉得委屈

"这一生到底追求什么？难道就在异乡做一个过客？"随着学术研究的深入和职业生涯的稳步上升，邓兴旺心中的困惑也越来越大。

湘西那个遥远的小山村，像一盏灯火，再次在心中燃起："想让小时候生长的地方变好，必须有人去做。"

1998年，他开始回到北大讲学；越到后来，回来的次数越多、时间越长。2003年下半年，他临危受命，与王晓东博士作为共同所长，创办了我国现代化科研院所体制改革的试验田——北京生命科学研究所。他和王晓东白手起家、建章立制、招聘人才，使该所在短短几年间就成为国际生命科学领域一颗冉冉升起的新星。

2008年，46岁的邓兴旺开始了人生的又一次转向：在原来的纯科学研究的基础上增加了农业生物技术研发，以改变中国种业"四面楚歌"的被动局面。

"在中国，搞植物生物学基础研究的人已经比较多，多一个少一个对国家影响不是太大。"邓兴旺认为，更为需要的，是把国际上最先进的研究成果应用到农业生产中去。"这既需要前沿的基础研究经验和国际视野，又必须对中国的农村、农业有了解、有感情——而我有这个自信。"

左图1 ◄
1978年秋，刚进入北京大学的邓兴旺

左图2 ◄
1996年，邓兴旺领"美国总统青年教师奖"

左图3 ◄
2006年夏，邓兴旺与10岁的儿子在长沙橘子洲头

上图 ▲
2016年，邓兴旺在北京大学的办公室

上图 ▲
2008年，在耶鲁大学学术年会上，邓兴旺（左六）与实验室部分同事合影

上图 ▲
邓兴旺指导研发人员做实验

左图1 ◄
2010年5月，邓兴旺在河南省邓州市杂交小麦制种基地查看小麦长势

左图2 ◄
2018年8月31日，邓兴旺与夫人、女儿参加儿子的开学典礼

2008年，邓兴旺开始在海内外招兵买马、组建新的技术研发团队。2009年8月，未名兴旺系统作物设计前沿实验室（北京）有限公司（简称"未名前沿实验室"）宣告成立，他出任公司董事长兼首席科学家。这个技术研发团队吸引了多位包括"千人计划"学者、北京海聚工程人才和中关村高端领军人才在内的中青年科学家。

"我们的目标，是打造中国的自主创新现代农业生物核心技术研发中心，培育出高产、优质、抗病虫害、抗逆境和水资源及营养高效利用的作物新品种，并加速实现产业化，从而为中国未来粮食安全提供技术保障。"邓兴旺说。

邓兴旺研发团队瞄准的第一个突破点，是杂交水稻当时面临的最大技术瓶颈——制种光温敏难题。原有的杂交水稻制种，对温度要求非常严格，大田温度与预期温度稍有偏差，制种效率和质量就会大幅度下降。2010年，邓兴旺带领的技术团队成功证明了第三代杂交水稻育种技术的可行性，可以使杂交水稻制种彻底摆脱对温度的依赖。经过近10年的艰苦努力，第三代杂交水稻育种技术的第一个不育系"圳18A"于2018年6月通过了广东省专家审定委员会审定，可以投入规模化大田生产。经过8年多的艰苦努力，这个技术团队研发出"洁田模式"，成功解决了直播水稻种植中的除杂草问题。这一技术被中国农学会评定为具有国际水平的先进成果，并已在全国范围示范推广。

与此同时，他们还掌握了全基因组分子标记辅助育种等多个核心技术，有望培植出非转基因的抗除草剂优良性状作物新品系，如水稻、小麦、玉米、油菜等。

通往理想的道路并不平坦。科研不易，创业更难。融资、管理、开拓市场……从一名"象牙塔"里的科学家转型为在市场中打拼、从事农作物新品种培育开发的企业领军者，这期间所经历的酸甜苦辣，非局外人所能想象。

2014年，邓兴旺辞去耶鲁大学的终身教授教职，全职回国筹建北京大学现代农学院。自此他身上的担子更重、处理的事务更多了，不知从什么时候起，他的鬓角长出了白发。

"我并没有觉得委屈。如果有委屈感，就说明把自己当外人来看。"邓兴旺属虎，年过半百的他依然激情满怀、虎虎有生气。

他说："现在的事是我自己想做的，而且很有意义，所以谈不上委屈，更说不上后悔。"

2013年5月完成初稿，2018年夏修改。

本文图片由邓兴旺先生提供。

王晓东：
做全球最好的抗癌药

（赵永新 摄）

王晓东，男，汉族，1963年出生于湖北省武汉市。生物化学科学家，美国国家科学院院士、中科院外籍院士，北京生命科学研究所（简称"北生所"）资深研究员、所长，百济神州（北京）生物科技有限公司联合创始人、首席科学家。

1980年考入北京师范大学生物系，1985年赴美留学，1991年获得美国得克萨斯大学西南医学中心生物化学博士学位，之后留美工作，先后任美国得克萨斯大学西南医学中心生物医学科学杰出首席教授、霍华德·休斯医学研究所研究员等。

2003年，时年40岁的王晓东受邀回国，与邓兴旺博士一起，担任北生所共同所长，2009年全职回国，担任北生所所长至今。2011年，与欧雷强一起创办百济神州（北京）生物科技有限公司（简称"百济神州"），并担任首席科学家。2016年2月，百济神州在美国纳斯达克证券交易所上市，2018年8月在香港证券交易所上市，成为我国第一个在美国和中国香港两地双重上市的生物科技公司。

在美国期间，王晓东主要从事生命科学前沿领域细胞凋亡规律的研究，在细胞凋亡生物化学机理研究上取得重大突破，揭示了生物生长与死亡的规律，为癌症及传染病等疑难杂症的治疗提供了重要的理论依据。回国后的研究是过去15年对细胞凋亡系统研究的延伸，目标是阐明细胞死亡的分子机理。这些知识将帮助人们理解现代社会中包括癌症、自身免疫疾病、心血管疾病以及神经退行性疾病等主要疾病的发病机理，有助于设计出相应的治疗策略。

获得的主要荣誉有："求是奖"杰出科学家奖、"邵逸夫奖"生命科学与医学奖等。

王晓东是我交往较多、异常敬重的科学家之一。除了卓越的科学成就和深刻的学术理念，他的果敢坚毅、坦荡大气、侠骨柔肠和欣赏同仁、奖掖后进，在我所认识的科学家中真不多见。

尽管我采访过他多次，但为他个人写的文章，只有这一篇。文后附的《北京生命科学研究所这五年》这篇文章，讲述了他回国创办"科技体改改革试验田"的故事。此外，从我采访他的其他报道，如《王晓东：院士标准不是任人打扮的小女孩》《王晓东谈科研自主权：不能把科学家当贼防》《王晓东：基础科研不能大跃进》等中，不难看出他的科学洞见。

要么不做，要做就做最好的——这，一直是王晓东的座右铭。

2004年4月，凭借在细胞凋亡领域的杰出成就，41岁的王晓东当选美国国家科学院院士，成为改革开放之后中国大陆20多万留美人员中获此荣誉的第一人。

"作为一名华人科学家，无论走到哪里、有多大成就，祖国还是祖国。"2003年，他应邀回国创办了我国科技体制改革的试验田——北京生命科学研究所。5年之后，由10位全球顶尖科学家组成的国际科学指导委员对该所进行了实地评估，得出的结论是：世界上没有任何其他研究所能在如此短的时间里，在国际科研领域占据如此重要的席位。

2011年年初，王晓东做出一个大胆决定：创办百济神州（北京）生物科技有限公司，研发全球领先的抗癌新药。

义不容辞的责任

王晓东从事的细胞凋亡研究，旨在揭示细胞生长与死亡的规律，从而为癌症等疑难杂症治疗提供重要的理论依据。自1996年独立领导实验室至今，他在国际学术刊物上发表论文50多篇，被同行引用5万多次，获得多项重大突破。

但王晓东并没有因此满足。相反，他时常感到不安。

"因为我的研究与癌症有关，回国后经常有人问：你有没有更好的治疗方法？"王晓东说，"特别是近些年，亲朋好友中得癌症的越来越多，而多数癌症到了晚期基本上无药可治，患者只能等死。"他沉默片刻后说："这些事让我深受刺激。理论和概念是治不了病的，研发抗癌新药是我义不容辞的责任。"

同时让王晓东既兴奋而又忧虑的，是近年来全球抗癌新药研发的迅猛势头。"经过过去几十年的研究积累，国外在抗肿瘤新药研发方面进展迅速，在靶向药物和免疫抗肿瘤药物领域不断有新药上市。与传统的放化疗相比，这两类药物就像'精巧炸弹'，疗效明显、可持续，而且不良反应很小，许多患者获得了新生。"王晓东说，"由于我国新药研发能力薄弱，一些患者被迫通过走私途径购买价格昂贵的外国药，一个疗程的药费高达几十万元人民币。如果长此以往，不仅对患者无法交代，我国的医药产业也将更加受制于人。"

心动不如行动。2011年年初，他和具有十多年制药公司管理经验的美国企业家欧雷强筹资3200万美元，联手创办了百济神州。

不走寻常路

公司成立之初，王晓东就和欧雷强达成共识：要么不做，要做就做全球最好的抗癌新药。

怎样才能做到全球最好？王晓东的回答是：高打高举，不走寻常路——

投资1亿元人民币，从全球购置最好的仪器设备，建成世界一流的化学药物实验室和生物药物实验室；

不惜重金，从默沙东、辉瑞、强生等跨国企业中聘请了20多位管理、研发骨干，组建了150多人的高水平、多学科研发团队；

不局限于一类药物，而是瞄准国际前沿，从小分子靶向化学新药和大分了免疫抗肿瘤生物新药两路进发，同时布局10多个新药的研发……

最让王晓东骄傲的，是百济神州超强的药物检验能力。"我们组建了50多人的药检团队——即便是最知名的跨国制药企业，也没有这么大比例的人做药检。"王晓东说，"这样我们就能够在药物研发的每个阶段都进行检测，结果不好的就停掉，以最大限度地节省资源、少走弯路。与此同时，国外最新的药物专利发表后，我们很快就能进行解析，并跟自己正在开发的药物进行对比，如果发现我们研发的新药没有国外的好，就坚决放弃，重新设计新的药物。"

开花结果

深厚的科学背景、强大的研发能力和科学的研发策略，使百济神州的新药研发很快"开花结果"。他们研发的2个靶向型药物BGB-283、BGB-290引起了德国老牌制药企业默克的极大兴趣。2013年11月，经过严格的考察、检测、评估，默克旗下的生物制药公司默克雪兰诺与百济神州签署协议，出资5亿美元购买了这两个药物的海外市场开发权，创造了我国新药研发历史上的一个里程碑。

更让王晓东高兴的是，这两个药物和另外一个靶向药物BGB-311均已在澳大利亚完成了一期临床。临床结果显示，这三个药物分别对黑色素瘤、卵巢癌、淋巴肿瘤等多种癌症疗效显著，而且不良反应很小，明显优于同类其他药物。

"参加临床试验的84位都是处于癌症晚期、生命垂危的患者，服用我们的药物后，病情或者得到控制，或者明显好转。"王晓东告诉记者，"晚期肺癌的生存期一般不超过3个月，澳大利亚的一位患者吃我们的药已经1年2个月了，现在还活得好好的。"

此外，免疫抗肿瘤药物BGB-317也完成了临床前研发，其潜力优于美国的两个同类新药。"BGB-317将于2015年6月在澳大利亚的5家医院开展临床试验，在美国的临床试验也将很快进行。"王晓东说。

难关

2015年5月13日，百济神州完成第二轮融资，来自美国华尔街的3家生物科技投资基金公司和国内的高瓴、中信产业基金，为其注资9700万美元。加上2014年的第一轮融资，百济神州已在国内外资本市场上获得2亿美元投资——对于新药尚未上市的企业来说，如此高的融资额度在国内很难找出第二家。

"当然，我们也有难过的时候。"王晓东笑言，新药研发不仅烧钱，而且风险极高，设计、生产、工艺开发……哪一个环节出了问题，项目就前功尽弃。"我们开始研发的四五个项目都失败了，企业最困难的时候，账上只有1万多元钱。多亏了欧雷强满世界借钱，才渡过了难关。"

难受

"困难对我来说不是问题。"王晓东说，"我唯一感到难受的，是我们研发的新药不能让国内患者很快用上。"

原来，BGB-283等3个药物的临床试验申请是在国内和澳大利亚同时递交的。结果，后者在5个工作日内就批准了，国内则一直在"排队"。据介绍，由于我国药品临床试验审批过程异常缓慢，这三个新药到2018年5月仍未获准开展临床试验。进展最快的BGB-283，仅在国家药品监督管理局药品审评中心（CDE）"排队"就花了1年多，到2018年2月才进入评审，最快要半年以后才能开展一期临床试验。其余两个药物还在"排队"，不知等到什么时候才能进入评审。

右图1 ▶
王晓东在做学术报告

右图2 ▶
王晓东在指导学生做实验

右图3 ▶
2006年8月，北生所举办第
一届学术年会，王晓东听取
学生科研进展情况介绍

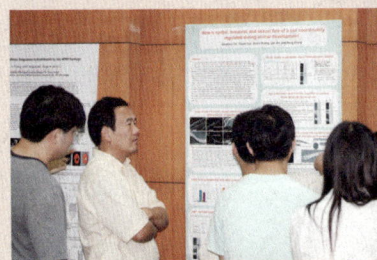

右图1 ▶
北生所实验室一角

右图2 ▶
2007年4月，王晓东（左）
在北生所植树

右图1 ▶
2009年5月，北生所第一
届运动会的比赛场景

右图2 ▶
2009年9月，北生所举办
排球比赛，实验室主任组
成联队与学生队对阵，右
四为所长王晓东

上图 ▲
北京中关村生命科学园内的百济神州总部

上图 ▲
北京中关村生命科学园内的北生所外景

上图 ▲
北生所全家福，前排左十、左十一为共同所长邓兴旺、王晓东

"我的一位朋友的妈妈是甲状腺癌晚期，他得知BGB-283在澳大利亚的临床结果后，恳切希望能用我们的药，并一再表示'自愿用药、后果自负'，但我实在没办法给——这个药在国内连临床试验都没做，我给他就是犯法。"王晓东很无奈，"明知道我们研发的新药能治他妈妈的病，但却不能给人家用，你说难受不难受？"

让他稍微感到欣慰的是这个问题已经得到药监部门的重视。前不久，国家食品药品监督管理总局领导专程到中关村调研，听了王晓东的反映后，当即表示要认真研究。

"这三个新药在国内获准上市后，我们愿意以大众能承受的价格销售。"王晓东说，"一方面我们的研发成本可以通过海外市场弥补，同时这也是我们创办公司、研发新药的初衷——让国内癌症患者都能用上全世界最好的国产新药。"

附

北京生命科学研究所这五年

在国内科研领域，北京生命科学研究所是一个独特也是孤独的存在。它的"诞生"有点儿石破天惊的意味，它被赋予的意义和承受的压力也同样具有先行者的分量。

不像一般的研究院所有所谓的行政级别和编制，它在形式上更像学人治所，并在科学研究上给予科学家极大的自由尺度。它给予科学家体面和有尊严的生活，科学家也回报它以更有价值的智慧和眷恋。

2005年12月9日，由科学技术部会同中央机构编制委员会办公室、国家发展和改革委员会、教育部、卫生部（今卫健委）、中科院、中国医学科学院、国家自然科学基金委员会七部门和北京市政府共同组建的北京生命科学研究所在中关村生命科学园正式挂牌成立。这个研究所的被重视程度可谓前所未有。

重视之后就是重担：作为我国科技体制改革的一块试验田，北生所担负着重要的历史使命，它不仅要进行原创性基础研究、培养优秀科研人才、建设世界一流的研究所，更要探索出一种与国际接轨而又符合中国发展的科研运作机制。

五年过去，这块试验田长出了什么，"收成"如何？

绝好的成功尝试

北生所，坐落在北京市中关村生命科学园内的一座砖红色建筑楼里。北生所实力如何？2008年12月，由1名诺贝尔奖得主、6名美国国家科学院院士、2名英国皇家学会院士和1名法国国家科学研究院院士共10位顶尖科学家组成的国际科学指导委员会，对北生所进行了深入细致的实地考察后得出了结论。

所有成员一致认为，北生所是开展科学研究的一个绝好的成功尝试。世界上没有任何其他研究所能在如此短的时间里，在国际科研领域占据如此重要的席位。北生所的成功，是对其初建阶段财政拨款的超值回报……

这并非溢美之词。短短五年，北生所已在《科学》《自然》《细胞》杂志上发表16篇高水平论文。这在国内同等规模的生命科学类研究机构中，还找不到第二家。

北生所的学术成就不仅表现在论文数量上，更表现在学术影响力上。2010年4月，柴继杰博士在《自然》上发表的一篇文章被《自然–中国》选为研究亮点。当年6月，张宏博士在《细胞》上发表的文章，被《研究科学家1000》评论为"这篇文章具有里程碑式的意义"。

五年来，北生所建立的科学实验室，已由成立之初的12个增加到24个，涉及的研究领域包括癌症细胞凋亡、病原细菌、干细胞、乙肝病毒等，几乎涵盖了当今国际生命科学研究领域的所有热点。吸引海外高级科学家30名，平均年龄不到40岁。

美国国家科学院院士、2008年美国医学最高奖拉斯克奖得主维克多·安布罗斯博士对张宏博士的评价是："他有着惊人的天赋、创造力和工作效率。我认为经过短短5年的独立研究，他已经成为其所在领域的学术带头人。"

邵峰博士被美国国家科学院院士、霍华德·休斯医学研究所的科研副所长评价为："无论以哪种标准，邵峰都是一颗学术明星。他发表的科研文章，在其科研领域内极少有人能够与之媲美……"

五年来，北生所高度重视青年人才的培养，以全新的招生、培养模式，与中国协和医科大学、北京大学、清华大学等联合培养博士、博士后100多名，许多人已在科学研究上崭露头角。

"所里每年邀请12位海外同行来做学术报告，但实际来做报告的超过百名。"所长王晓东说。

回归科学研究本身

公立科研机构甚至包括国企下属的研究院所，都有一大堆"官儿"：厅局级的所长、副所长，处、科级的办公室主任、人事处长、科研处长……

"我是什么级别？"听到这个问题，王晓东笑了，"我这个所长是'假'的，没有任何行政级别。不光我，在北生所没有一个有级别的'官儿'。"

北生所的所长、实验室主任，都只是学术头儿，不是什么官儿。唯一的行政副所长，也"名不副实"。

"我其实应该叫'后勤副所长'，大到实验室和服务中心建设、设备采购、后勤保障，小到科研人员的孩子上学，都由我负责。"该所的行政副所长、科研出身的智刚博士说，"所里人事、财务、研究生部、设备、后勤等8个行政部门，总共加起来不到20人。在北生所，所有工作都是以科研为中心的，无论地位还是收入，科研人员排在第一位。行政服务人员的绩效，都由科研人员打分。"

"行政人员靠他们优质高效的服务赢得了尊重。在北生所，科研人员能享受到高效的行政服务，却感觉不到行政力量的存在。"智刚博士说。

没有行政领导，北生所如何运转？

"我们的管理、运行机制是完全与国际接轨的。"王晓东告诉记者，在管理方式上，北生所实行理事会领导下的所长负责制，理事会由科技部等部门和北京市的主要负责人组成，主要职责是聘任科学指导委员会和所长；理事会聘任国内外著名科学家组成科学指导委员会，这是北生所的学术咨询机构，其主要任务是对所长进行聘任前的学术评估，提出推荐意见；对研究所的研究工作做出评估，并提出建议。每届理事会和科学指导委员会的任期，均为3年。

"我这个所长最主要的工作是招人，从海外科学家中招聘实验室主任；至于实验室搞什么课题、钱怎么个花法，我一概不管。"王晓东说，"在北生所你看不到行政主导的影子，一切'唯学术是瞻'。我觉得北生所最重要的特点就在这里：让研究所回归科学研究本身，一切以原创的科学发现为最高追求，而不是其他异化的东西。"

一流人才一流待遇

"2005年我决定要回国的时候，许多朋友说：'你是不是疯了？'"邵峰在美留学7年，取得密歇根大学博士学位后在哈佛大学医学院做博士后，回国前已在《细胞》和《科学》上各发表1篇论文。如果他再继续干上一两年，一定会在美国顶级高校找到教职。

"回来的最主要原因，是在这里可以全身心做科研。"邵峰说，"其实回国之前也很犹豫，因为我在国内时也知道，为了得到足够的经费支持，实验室主任不仅要年年写报告申请项目，还要跑各种各样的关系，请人吃饭什么的，很大一部分精力、时间都耗在这上面了。当时王晓东告诉我：'你回来不用为申请经费发愁，所里每年给你200万元的经费支持。5年后通过国际同行的评估，每年还会增加100万元，你可以安心做你的研究。'"

截至2018年，邵峰的实验室已在权威杂志上独立刊发10篇研究论文，仅用4年就通过了国际同行的评估。

在北生所，所有的实验室主任都像邵峰这样，每年有稳定的经费支持。王晓东说，北生所的经费来源主要有两大块：科技部每年拨发7000万元的科研经费；行政经费由北京市科学技术委员会负责，2017年从3000万元增加到5000万元。

"对于一个拥有24个实验室、9个科研辅助中心的研究所来说，这样的经费支持其实是不算多的。"王晓东说。最近几年国家的科技投入每年以超过20%的速度增加，许多国立研究所和大学院系的经费比他们多很多。

"一年200万元的科研经费，实事求是说是不够的。"2007年回国的李文辉博士告诉记者，"我的实验室有17个人，包括12名硕士、博士。第一年感觉经费还够，但随着实验的开展，就感觉不够用了。"

200万元，除了买仪器、买试剂，还要给实验室的其他人员发工资。李文辉说，实验室主任每月都会收到财务部发的经费明细单，每一笔钱干什么，都写得清清楚楚。

科研经费之所以能做到专款专用，有一个重要原因，就是北生所采用标准较高的年薪制：助理研究员、副研究员、正研究员每年的年薪，分别是30万元、40万元和50万元；研究生是每月2500元。"当时定的所长年薪是100万元，但因为我和另一位共同所长、耶鲁大学植物分子生物学家邓兴旺博士前几年都是半时制，所以都没拿这个钱。"2010年10月1日，王晓东辞去在美国的工作，带家人回国全职工作。

每年数十万元的年薪，是不是太高？王晓东认为"这就是个理念的问题"，一流的研究所得有一流的人才，一流的人才就得有一流的待遇。现在人才都是全世界范围内流动，如果年薪定得过低，就招不来、留不住一流的人才。"我们的'一流待遇'，既考虑了与国际接轨，也考虑了中国国情。"他说，北生所骨干科研人员每年的年薪，当时是按照美国同等职位最低标准的75%定的。"在美国，一个博士后的年薪是三四万美元，此外还有一两万美元的社会福利，我们这里都包含在年薪里了。"

"要让科研人员过体面的、有尊严的生活，拿'阳光工资'。"王晓东说，如果科研人员拿的钱不能保障衣食住行，就会在科研经费上打主意。"这不仅有损科学家的尊严，也会使他们无法全心全意搞科研。"

"回过头来看，我们的路子是走对了。"王晓东说，随着国家"千人计划"的实施，现在全国各地竞相招聘海外一流人才，给的待遇更高。

绝对的自主研究权

虽然北生所的各个实验室已经基本满员，但海外一流大学、研究机构的申请加盟者还大有人在。他们所看重的，除了这里有一流的工作条件、生活待遇，还有一个更重要的原因：科研人员拥有绝对的研究自主权。

"在北生所，每个实验室的课题都由主任决定，我这个所长无权过问。"王晓东说，我们只划定"研究生命的本质机理"这一重点，但不具体设置题目。

基础研究尤其是科研前沿，做的是引领而不是跟踪的事，具体走哪条路都不清楚，更不用说5年以后的突破点了。"因此我们这里是自由探索，既不搞科研计划，也不预设具体的考核指标。"王晓东说。

但另一方面，北生所实行严格的国际同行评估，过不了关的一律走人。

到第5年的时候，王晓东会把实验室的研究进展，包括发表的论文、未来的研究计划等，以匿名的方式交给国际同行，问他们三个问题：第一，依据过去5年的工作，实验室主任在你们的研究所、大学能不能得到提升？第二，这个人5年的研究成果，能不能对你们的科研产生影响？第三，他5年所做的工作和今后打算要做的事情，能不能成为该领域中的领军人物？

"国际同行评估的时间是两个月到半年，评估结果会直接反馈给我。"王晓东说，对实验室的第一次评估，前两个问题必须通过。第二次评估，三个都要通过。

"我们已有七个实验室完成国际同行评估，有一个没有通过考评，就自动离职了。"他说。

"这样做是有点残忍，但我觉得这没有什么问题。如果换了我自己，也会接受这个结果。"王晓东说，科学是人类智力的竞赛，这和体育竞赛是一样残酷的，必须尊重规则，优胜劣汰。"北生所不是养人的地方，不能讲私人感情。"

追求科研上的原创发现

"虽然研究所远离繁华闹市，周围也没有娱乐的地方，但我很喜欢这里。这是一个充满朝气和活力的地方，大家都在忙自己的事，人与人之间的关系很单纯。"北生所的硕士研究生严欢说，"辛苦是辛苦，但是只要感兴趣就不觉得辛苦了。"

"辛苦而不觉苦"，是北生所科研人员的感受。李文辉说，"所里的实验室主任都是一周工作六天半，每天早上8点来，晚上8点以后走。我有时候回到家，脑子里还经常走神，不由自主地去想实验中碰到的问题。我爱人经常批评我，你做研究都走火入魔了。"

北生所的不同之处，还在于科研人员的价值取向。在国内，当选院士几乎成为许多科研人员心照不宣的共同追求，如果在《科学》《自然》等杂志上发过一两篇论文，许多人就会考虑参评院士。"我们这边至少有8个实验室主任在《科学》《自然》和《细胞》杂志上发表过论文，但是没有听到任何人说'我要评院士'。"王晓东说，"谁发了一篇高水平的文章，大家就是口头祝贺一下，从没有发奖金之类的事情。"

"他们追求在科研上的原始发现，看这个发现对推动该领域的研究有无积极影响。"王晓东说。

让王晓东感到欣慰的是，北生所没有辜负各方期望。当年提议成立北生所的，是新加坡分子与细胞生物学研究院的6位华人科学家。在2010年1月15日中央组织部组织的"千人计划"报告会上，王晓东介绍了北生所五年来的发展情况。提议成立北生所的6位科学家之一——入选"千人计划"的彭金荣教授当时站起来对他说："谢谢你们，帮我们实现了当年的梦想！"

"下一个五年，北生所将在进一步做好基础研究和人才培养的同时，开展成果转化，实现科研的社会价值。这项任务更难，所用的时间也更长。从此前的研究成果中，我们已经看到了很好的苗头。"王晓东说。

2011年2月完成初稿，2018年夏修改。

本文图片由北京生命科学研究所提供。

俞德超：

研发新药济苍生

俞德超，男，汉族，1964年出生于浙江省天台县。中央组织部"千人计划"国家特聘专家，教授、博士生导师，信达生物制药（苏州）有限公司创始人、董事长兼总裁。

1982年考入浙江林学院（现浙江农林大学）经济林专业；1986年考入南京林业大学植物生理专业，获硕士学位；1989年考入中科院分子遗传学专业，获博士学位；1993年，到美国加利福尼亚大学（简称"加州大学"）从事药物化学专业博士后研究。之后在美国从事生物药研发，先后担任多家生物制药公司高管和首席科学家。2006年回国，先后担任成都康弘生物科技有限公司董事、总经理，中美合资康弘赛金（成都）药业有限公司首任总裁，成都康弘药业集团董事、副总裁。2011年在苏州工业园区创办信达生物制药（苏州）有限公司（简称"信达生物"）。

发明了世界上首个肿瘤溶瘤免疫治疗类抗肿瘤药物"安柯瑞"（OncorineR），开创了人类利用病毒治疗肿瘤的先河；领导开发了中国第一个拥有全球知识产权的单克隆抗体新药——"康柏西普"（ConberceptR）；拥有60多项发明专利（38项为美国专利），在国内外刊物上发表50多篇SCI论文。

获得的主要荣誉有："国家生命科学领域最具影响力的海归人才"称号、"创新中国十大年度人物"称号、"安永企业家"奖、"国家科技创新人物"称号、"中国医药经济年度人物"称号、"生命科学领域最具影响力的十大年度人物"称号、"第七届中国侨界贡献奖"一等奖等。

2019年春节前夕，一则抗肿瘤药物"重出江湖"的消息在医药界引发震动——上海医药集团旗下的广东天普生化医药股份有限公司郑重宣布：启动安柯瑞®（重组人5型腺病毒注射液）的再上市计划。

重组人5型腺病毒注射液既是中国首个、也是全球第一个上市的溶瘤免疫治疗类抗肿瘤药物，开创了人类用病毒治疗肿瘤的先河。

更令人称奇的是，重组人5型腺病毒的发明人，同时还创造了另外两个"中国第一"：共同发明、领导开发了我国第一个具有全球知识产权的单克隆抗体类新药朗沐®（康柏西普眼用注射液）、第一个具有国际品牌的国产PD-1抑制剂达伯舒®（信迪利单抗注射液）。

这位目前为止我国唯一发明3个国家1类生物新药的科学家，就是中央组织部"千人计划"国家特聘专家、中国免疫学会肿瘤免疫与生物治疗专业委员会副主任委员、信达生物制药（苏州）有限公司共同创始人俞德超博士。

从放牛砍柴到研发生物药

"我出生在浙江省天台县的一个偏僻小山村，放牛砍柴是印象最深的童年记忆。"说起往事，俞德超很是感慨，"那时候村里的教育教学条件极为简陋，我的小学是在混合着5个年级学生的复式班里度过的，初高中阶段，学校还常常缺任课老师。"

1982年，聪明好学的俞德超考入浙江林学院经济林专业，成为当地第一个走出深山的大学生。"说实话，当初自己也不知道真正的兴趣是什么。探索自己最想做什么，我花了很长时间。"俞德超笑着说。大学毕业后，他考取南京林业大学硕士研究生，攻读植物生理专业；1989年，他考取中科院的博士研究生，攻读分子遗传学专业。"直到这时候，我才发现：研究分子生物学、做有用的东西，才是自己的兴趣所在。"

1993年，俞德超漂洋过海远赴美国加州大学博士后工作站，从事药物化学专业研究。当时，美国制药行业正处于从小分子化学药到大分子生物药的历史转折期，利用基因工程技术开发生物药方兴未艾。在博士后研究期间，俞德超围绕"在贾第虫中建立基因表达系统"这一课题连续发表多篇论文，在美国学术界引起很大反响，哈佛大学医学院还向他发出了任教邀请。

"与单纯做科研相比，我更喜欢做成果转化，这样可以帮助更多的人。"1997年，俞德超放弃了哈佛大学的任教机会，进入美国Calydon生物制药公司从事生物药开发，并很快就从普通员工晋升到公司副总裁。此后，他又在美国多家知名生物制药公司担任研发要职，积累了丰富的生物制药研发与管理经验，成为美国业界知名的肿瘤治疗药物研发专家。

重组人5型腺病毒：开创利用病毒治疗肿瘤的先河

"中国人常常用'生于斯，死于斯，歌哭于斯'来形容一个人和故土无法割舍的血脉联系。在异国他乡生活，对此更有体会。"在美国天天和新药打交道，他心里常常想：这个药美国有了、中国还没有；这个新药美国患者买得起，但大多数中国患者还掏不出这么多钱……"这样的比较多了，我就萌生了'做中国自己的创新药'的想法。"

1997年，俞德超把自己发明的溶瘤病毒"重组人5型腺病毒"转给了上海医药集团。

"溶瘤病毒的思路，就是'以毒攻毒'。"俞德超解释说，简单地讲，就是利用肿瘤细胞与正常细胞的基因表达差异，用基因工程的方法，制备出专门针对肿瘤细胞的重组基因工程病毒。"重组人5型腺病毒是一种致病力很低的普通感冒病毒，它只'喜欢'肿瘤细胞，进入肿瘤细胞后能大量繁殖，迅速'吃掉'肿瘤细胞；同时，它还能诱导产生针对肿瘤的免疫反应，进而把肿瘤溶解掉。"

上海医药集团经过进一步开发，研制出治疗鼻咽癌的重组人5型腺病毒注射液，并于2005年获准上市，成为全球第一个治疗肿瘤的溶瘤病毒新药，开创了利用病毒治疗肿瘤的先河。全球第二个溶瘤病毒药物Talimogene Laherparepvec（简称 T-VEC，Imlygic™），2015年10月才被美国食品药品监督管理局批准上市，比重组人5型腺病毒注射液整整晚了10年。

"现有研究表明，溶瘤病毒具有靶向性好、杀伤率高、副作用小的优势，是当今肿瘤免疫疗法的一个重要手段。"俞德超说，"更令人高兴的是，溶瘤病毒还可以与PD-1/PD-L1抑制剂联合用药，可以使对PD-1/PD-L1抑制剂不敏感的'冷'肿瘤变成'热'肿瘤，达到更好的治疗效果。因此，重组人5型腺病毒注射液的重新上市，不啻是肿瘤患者的一大福音。"

康柏西普：迫使进口药"自降身价"

单克隆抗体（俗称"单抗"）类新药是目前国际最具前景的创新药物，广泛应用于肿瘤、自身免疫疾病等重大疾病，疗效虽好，价格却非常昂贵。以治疗肺癌的单抗生物药为例，在美国，一位患者的年治疗费用约15万美元，约合100万元人民币，普通患者望尘莫及。

"开发出中国老百姓用得起的高质量生物药，让更多的患者享受到科技进步带来的健康成果！"2006年年初，俞德超告别妻女、只身回国，加盟成都康弘药业集团，组建成都康弘生物制药团队，研发治疗老年黄斑变性和糖尿病视网膜病变等致盲的单抗药物康柏西普。

老年黄斑变性和糖尿病视网膜病变被称为"致盲杀手"，是国际眼科界公认的最难治疗的眼病之一。在康柏西普诞生以前，跨国企业诺华研制的雷珠单抗独霸天下，以每支9800元的高价垄断中国市场。

"当时国内生物制药的基础几乎为零，我和团队在国内甚至找不到一家可以进行临床前研究的实验室。但即便如此，我们还是坚持以国际标准扎实推进。"据俞德超介绍，经过多年艰苦攻关，康柏西普终于在2013年获准上市。

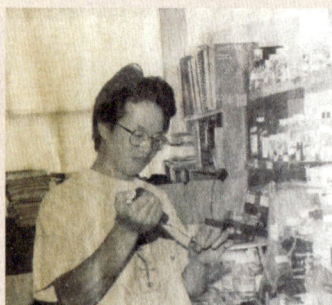

左图1 ◄
1996年，俞德超在美国加州大学旧金山分校做实验

左图2 ◄
2006年8月，俞德超的两个女儿（中间为小女儿，当时读小学；右边是大女儿，当时读中学）利用暑假时间到成都看望爸爸，并到康柏西普研发实验室参观

上图 ▲
1986年6月，俞德超（左）与同学在浙江林学院合影

上图 ▲
2006年7月，俞德超和康柏西普早期研发团队在成都搞团队建设活动

上图 ▲
俞德超在信达生物公司

上图 ▲
2017年1月25日，在中央电视台举办的2016年科技盛典颁奖晚会上，俞德超（右）领奖后与中科院院长白春礼合影

上图1 ▲
2009年1月，为做到康柏西普临床研究标准国际化，俞德超请国外专家开展视网膜厚度测量标准化培训和考核。图为俞德超（前排右三）与专家合影

上图2 ▲
2015年3月，俞德超（前排右一）代表信达生物在北京钓鱼台国宾馆与美国礼来制药签署国际合作第一单

上图3 ▲
信达生物（苏州）制药厂外景图

康柏西普，是俞德超回国后领导开发的我国第一个具有全球知识产权的单抗新药，被评为中国"眼科学界最大科技突破"之一和"中国最具临床价值的创新药"，为无数老年黄斑变性和糖尿病视网膜病变致盲患者带来光明。

康柏西普上市后，"中国制造"打了一场漂亮的反击战。因疗效更好、价格更低，康柏西普销售份额很快后来居上，市场占有率超过50%。2016年7月，倍感压力的诺华在雷珠单抗还有10年专利期的情况下主动宣布降价，每支降价2600元，打破了国外专利药物在专利期内不降价的历史。俞德超由衷地高兴："国产药主导市场价格，受益的中国老百姓就更多了！"

2016年10月，康柏西普获得美国食品药品监督管理局批准，越过Ⅰ、Ⅱ期临床，直接进入美国Ⅲ期临床试验。这在美国也不多见，在中国制药史上更是头一回。

信迪利单抗：与国外"抗癌神药"不相上下

单抗类药物具有很高的技术要求和研发壁垒，是代表全球制药最高水平的高端生物药，美国、日本、欧盟等发达国家和地区垄断着全球98%以上的单抗药物。

"要让更多中国生物药在国际市场拥有话语权，惠及更多中国老百姓！"2011年年底，俞德超移师苏州工业园区，创办信达生物制药（苏州）有限公司，聚焦研发高质量的单抗生物药。

历经7年多的拼搏，俞德超共同发明并领导开发的信迪利单抗药物于2018年12月获准上市，成为中国首个具有国际品牌的国产PD-1单抗新药，拥有全球知识产权。

在信迪利单抗上市之前，我国先后批准了2个进口的PD-1类药物：默沙东的帕博利珠单抗（俗称"K药"）和百时美施贵宝的纳武单抗（俗称"O药"）。"K药"和"O药"是当前国际上最为著名的PD-1单抗药物，被业界誉为"抗癌神药"。

令人振奋的是，信迪利单抗药物的治疗效果并不输于这两个进口药物。2019年第一期《柳叶刀·血液病学》杂志，以封面文章的形式，刊发了由中国医学科学院肿瘤医院石远凯教授牵头进行的信迪利单抗的临床研究结果——这是中国第一项荣登该杂志封面的科研成果。临床数据表明，采用信迪利单抗免疫治疗复发难治霍奇金淋巴瘤的客观缓解率高达85.4%，疾病控制率97.8%；77.6%的患者使用该药6个月后没有出现疾病进展，而"O药""K药"的同类数据分别为77%和69%。该杂志主编史蒂芬·安塞尔教授专门撰写述评，认为"信迪利单抗药物为肿瘤患者提供了创新且高度有效的治疗模式，提升了患者用药可及性"。

据了解，目前"K药""O药"的年治疗费用均在50万元人民币左右。"为造福更多患者，信迪利单抗药物的价格将明显低于这两款进口药。"俞德超告诉记者。

除治疗淋巴瘤，信迪利单抗药物还在进行20多项临床试验，包括一线非鳞非小细胞肺癌、一线肺鳞癌、二线肺鳞癌、一线胃癌、一线肝癌和一、二线食管癌等，初步结果令人满意。在不久的将来，信迪利单抗药物有望造福更多肿瘤患者，缔造属于中国的"神药传奇"。

开发新药的四条心得

医药界的人都知道，开发新药的难度非常大，发明1个上市新药已属不易——俞德超何以能发明3个均具开创性的上市新药？

"我也没有什么秘诀，有几点心得可以与大家分享。"俞德超一一道来——

第一是创新。

"所谓新药，就是疗效不低于已有药物的创新性药物，必须以前沿性科学研究为基础。"俞德超坦陈，自己不是做基础研究的，也没做出什么重大发现，但敏感性还不错，能从科学发现中找到蛛丝马迹，进而研发优于已有药物的新药。

他举例说，康柏西普与诺华的雷珠单抗的靶点都是血管内皮生长因子（VEGF），但VEGF有多个成员，雷珠单抗只能阻断其中的1个成员，康柏西普可以阻断3个——它的治疗效果之所以比雷珠单抗好，原因就在于此。

第二是要有韧劲。

"开发新药在中国尤其难。"俞德超说，由于中国此前以生产仿制药为主，开发新药涉及的人才、设备、工艺和临床经验几乎是空白，所以难度特别大。"侥幸的是我能坚持，面对困难不轻易放弃。"

"就说康柏西普吧，截至2018年上半年，它还是中国人自己发明的唯一单抗新药。"俞德超回忆说，2006年他开始做康柏西普的时候，大家都以为是天方夜谭。从动物模型到临床医生、从临床前研究到临床试验，都是从零起步，就像在黑暗中摸索，用"千难万险"来形容一点都不夸张。"面对重重困难，要是意志不够坚定，不可能走到最后。"

第三是坚持国际标准。

"新药是用来治病救人、服务全球患者的,所以必须坚持世界普遍遵循的国际标准,一丝一毫都不能马虎。"俞德超讲了这样一件事:为实现国际化,信达生物从2012年开始寻求与国际制药巨头礼来合作。礼来的要求非常高,其标准比美国食品药品监督管理局的标准还要高。他们多次派人到苏州现场核查。本来信达生物在2014年就拿到了第一个项目(代号IBI301)的临床批件,马上可以做临床试验了。但礼来在核查时认为,信达生物的生产工艺和生产设施达不到全球质量标准,要求我们必须先整改生产工艺和质量标准、达到国际标准。

俞德超告诉记者,按照礼来的要求,生产工艺整改至少要花36~48个月——这就意味着IBI301的临床试验要延迟至少36个月。

"信达生物是一家没有任何销售收入、全靠市场融资维持的初创公司,每月的平均开支少说也得几千万元,推迟36个月意味着我们要多支出几亿元。为了生产出符合国际标准的药品,我们硬是咬紧牙关、加班加点,最终用18个月就完成了整改。"说到这儿,俞德超笑了,"回过头去看,这一步还是走对了。'磨刀不误砍柴工',包括信迪利单抗在内,我们所有的在研新药都能经受得起国际标准的考验。"

第四是团队协作。

"做药是一个环环相扣的系统工程,不是单靠某一个人能完成的。"俞德超介绍说,发明一个新药只是万里长征第一步,后面还包括:毒理、药理、药代动力学等临床前研究,工艺开发与验证,分析方法开发与验证,大规模临床研究,后续的规模化生产和商业化,而且每个环节都困难重重、每一步都不能出差错。"所以,开发新药就像一场接力赛,每一棒都需要不同专业的优秀的人来完成,这都离不开系统集成和团队作战。"俞德超说,"在人才上,信达生物可以说是不惜血本。除了自己培养，我们还陆续从全球吸引了近百位高级研发、管理人才，组建了国际一流的'梦之队'。"

岁月催人老，两鬓发已白。回顾自己研发新药所经历的坎坷磨难，俞德超并不后悔："人来到这个世界，一定要有自己的使命，生命才有意义。开发出老百姓用得起的高质量生物药，让每一个人都能平等地享受到人类科技发展的健康成果，是我回国创业的初心。我有幸赶上了改革开放的好时代，今后将继续坚守初心，开发出更多、更好的药物，为国内外患者造福，不辜负这个伟大的时代。"

2019年2月完成。

本文图片由俞德超先生提供。

王印祥：

为而不争 专业优雅

人物
小传

（赵永新 摄）

王印祥，男，汉族，1965年出生于河北省邯郸市。新药研发专家，贝达药业股份有限公司共同创始人、总裁兼首席科学家，北京加科思新药研发有限公司董事长。

1980—1983年，于河北沧州卫校（河北沧州医学高等专科学校前身）学习；1983—1989年，于河北省邯郸市卫生防疫站工作；1989—1992年，于中国预防医学科学院（中国疾病预防控制中心前身）攻读硕士；1992—1993年，于北京医科大学免疫学教研室任教；1993—1999年，于美国阿肯色大学医学院攻读博士；1999—2002年，于耶鲁大学从事博士后研究工作；2003年回国，任贝达药业股份有限公司（简称"贝达药业"）总裁兼首席科学家；2015年创办北京加科思新药研发有限公司，任董事长。

中国第一个小分子靶向抗癌新药"凯美纳"（盐酸埃克替尼片）的主要发明人、主持开发者。

　　2011年7月上市的凯美纳，是我国第一个小分子靶向抗癌药，被卫生部（今卫健委）原部长陈竺誉为民生领域的"两弹一星"，并荣获2015年度国家科技进步奖一等奖。自上市至今，凯美纳叫好又叫座，把许多晚期肺癌患者从死亡线上拉了回来，成为我国新药研发史上里程碑式的药物。

　　但是，就连我这个比较关注新药研发的记者，在很长一段时间里都不知道：该药的主要发明人和主持开发者，是浙江贝达药业总裁、首席科学家王印祥博士。

　　2016年夏，经一位业内朋友推荐，我在北京亦庄开发区见到了王印祥。当时，王印祥刚创办了一家新的公司——北京加科思新药研发有限公司，并出任董事长。

　　在他那间洒满阳光的办公室里，王印祥向我讲述了凯美纳的研发历程。

回国创业

　　2001年，人类历史上第一个靶向抗癌药——诺华制药有限公司研制的甲磺酸伊马替尼片（格列卫）批准上市，在全球引发轰动。伊马替尼是一种小分子蛋白酪氨酸激酶抑制剂，通过抑制癌症细胞增殖信号传导的激酶"ABL"，进而控制肿瘤生长和血管生成。当时王印祥正在美国耶鲁大学做博士后，其研究课题刚好与此有关。

　　"回国后是继续做基础研究，还是搞药物开发？"自1993年就到美国留学的王印祥，一直在思考这个问题。格列卫的上市，让王印祥有了清晰的答案：自己为何不尝试一下抗癌药开发？

　　在2001年的一次活动中，搞分子生物研究的王印祥认识了美国马里兰大学的化学博士张晓东，他刚好也在琢磨抗癌药研发的事。两个人一拍即合，一起讨论了研发以另外一种激酶——表皮生长因子受体激酶为靶标的抗癌药的可能性。之后，他们一边设计专利、布局项目的实施，一边开始在美国融资。

"我们谈了几轮都以失败告终，就把目光转向国内，但也没找到感兴趣的投资者。"王印祥说。后来他与美国的同学丁列明博士谈起此事，丁列明果断决定合作，并说服他的朋友一起投资。2002年7月，丁列明专程飞到美国康涅狄格州，与张晓东、王印祥达成回国创业的协议。2002年年底，丁列明在杭州注册了贝达药业；半年之后，也就是2003年年初，王印祥辞职回国，在北京筹建研发中心。

"杂牌军"

王印祥是在中国医学科学院肿瘤医院肿瘤研究所和中国预防医学科学院完成硕士研究生阶段的学习的，对北京的科研环境比较熟悉，所以就把公司的研发中心放到了北京。他们在天坛东门附近的中国医学科学院药物研究所租了30平方米的实验室，与之后加入的王晓洁、胡云雁等开始了艰难的探索之旅。

一年以后，队伍增加到9个人。他们把研发地点搬到了亦庄开发区，在租来的150平方米的实验室里继续摸索。

"研发者中大部分是刚毕业的大专生、本科生和硕士生，有博士学位的就一个人——与跨国药企高大上的研发团队相比，我们更像一支'杂牌军'。"说到这里，王印祥笑了，"当时国内的药企都在做仿制药，创新药被认为是财大气粗的跨国企业的'专利'。所以，行业内的朋友开玩笑讲：'就凭你们的人手、设备，还能做创新药？'"

上图 ▲
2016年夏，王印祥在办公室（赵永新 摄）

上图1 ▲
2002年1月10日，丁列明（左）、张晓东（中）、王印祥（右）签订创业协议后在耶鲁科学公园合影

上图2 ▲
2005年10月31日，凯美纳完成临床申报后，公司全体人员在西湖合影，后排右二为王印祥

上图3 ▲
2011年7月，孙燕院士在荷兰的世界肺癌大会上报告凯美纳的研究结果

初生牛犊不怕虎。初创团队边做边学，碰到难题就找业内的师友讨论。"那个时候真是困难重重，我们的设备欠缺、经费缺乏，经常求很多人帮忙。"王印祥介绍说，做高压加氢反应时，由于有爆炸的潜在危险，整个北京都找不到做实验的地方和设备。"合成试验的前两步需要大型反应釜，我们到石家庄租用；后两步，转移到廊坊一个有加氢反应的工厂，利用他们的设备做；合成完了，再拿到北京通州去做硝化反应……"

"虽然条件不好，但我们的工作却一丝不苟，每个环节都是高标准、严要求。"王印祥说。之后研发团队增加到13人，他们与中国医学科学院肿瘤医院肿瘤研究所、药物研究所和中国科学院上海药物研究所等国内顶级研究所合作，于2005年10月底按照药物非临床质量管理规范（GLP）完成了临床前的全部研发工作。

您给我20分钟

做临床试验之前，要先向国家药监部门申报。

王印祥说："那个时候国家药品监督管理局药品审评中心大部分受理的都是仿制药申请，没想到中国还有这样的小公司在做创新药。所以，我们的临床申请在2006年6月就被批准了。"

I期临床选哪家医院？王印祥打听来打听去，最后选定了做临床最好、要求也最严的北京协和医院，并跟该院的胡蓓、姜骥和张力教授做了讨论。

"上临床要先经医院伦理委员会的同意。那段时期，各种药品相关事件频发、中国药企在研发方面的信誉度较差，我们的临床请求被拒绝了。"王印祥回忆说，"当我打通协和医院伦理委员会单东渊主任的电话、自报家门后，他冷冷地说：'协和对不太靠谱的药企的临床课题不感兴趣，因为这事关我们的声誉。'"

王印祥没有灰心。他设法找到单东渊的办公室，想当面向他说明。"单老师您给我20分钟，让我介绍一下我们的课题，然后您再决定做不做。"王印祥笑着说，"后来我和他聊了一个半小时，把肿瘤药物研发的发展趋势和我们这个项目的来龙去脉全部说了一下，他听后频频点头，决定开伦理委员会审核。"

第二天，单东渊对胡蓓说："贝达的那个老总不像商人，更像学者，我们可以接受他的临床课题申请。"

"这样，我们的临床Ⅰ期就从协和医院开始。"王印祥感激地说，"后来单老师特别帮忙，胡蓓教授又找了张力教授一起来做，给我们提供了很大帮助。"

临床试验停了几次

"因为这是协和医院第一次做国内创新药的Ⅰ期临床试验，试验方案需要我们和协和医院的团队自己定。"王印祥说，"虽然我们制定的方案比较详细，但毕竟是第一次，缺乏经验，临床进行得并不顺利，中间因为意外情况停了几次。"

其间，课题组和中国医学科学院的孙燕院士、副院长石远凯等一起会诊，解决了临床试验中碰到的难题。后来，浙江大学医学院附属第一医院也加入了Ib期的临床研究。临床结果证明，盐酸埃克替尼效果良好、毒性很低，没有传统的化疗药常见的血液毒性。2007年，谭分来博士从美国回来、加盟公司研发，使临床研究团队的研发能力得到了加强。到2008年年底，临床试验结果令人振奋。

选择最好的药作对照

2008年12月，贝达药业决定从2009年开始在全国的27家医院进行
Ⅲ期临床试验，受试患者为400名。

"Ⅲ期临床试验要选择一种对照药，把患者分成两组，进行双盲
对照。临床试验开始前，我们团队商量，选当时公认疗效最好的靶向
抗肺癌药物——阿斯利康的吉非替尼片（易瑞沙）作为对照药。"王
印祥说，"之所以这样选择，一方面是因为从前期的研究结果上看，
我们觉得盐酸埃克替尼不会比易瑞沙差；同时也是想用试验对照结果
打破国人对进口药的崇拜，提高大家对国产创新药的信心。"

理想很美好，现实很骨感：光买临床用的进口药就需要2600万
元，加上其他费用，临床Ⅲ期试验的总费用高达6000多万元。而此
时，公司前期筹集的投资已全部花光了。

绝处逢生

"其实早在2008年我们就开始融资，却没人感兴趣。"王印祥说，
他和丁博士从北京到上海，找了十几家投资公司。"谈到最后，唯一
有投资意向的，是美国的一家投资公司。没想到2008年下半年美国雷
曼兄弟倒闭、国际金融危机爆发。'十一'放完假，我们就接到该公
司的通知：所有的投资资金全部冻结。"

危难之时，杭州市余杭区政府雪中送炭，提供了1500万元的资
助，公司大股东也帮忙找到了一些贷款；随后，礼来亚洲基金投了
500万美元；再加上科技部"863"计划和"十一五"国家科技重大新
药创制专项的支持，资金的事儿总算扛过去了。与此同时，丁列明在

杭州快马加鞭建设生产基地，为凯美纳产业化做准备。

"上天的赐予"

2010年5月，在孙燕院士和国内很多专家的共同努力下，临床Ⅲ期试验结束，结果如人所愿：凯美纳的疗效与易瑞沙不相上下，不良反应却小得多。2011年，孙燕院士代表课题组在荷兰的世界肺癌大会上做了大会报告——这是中国自主研发的新药第一次在国际肺癌大会上做报告。之后，《柳叶刀》肿瘤专刊全文发表凯美纳的Ⅲ期临床研究结果，并称其是"代表了中国肿瘤药研究领域的一个里程碑"。2011年在北京人民大会堂举行的凯美纳上市新闻发布会上，时任全国人大常委会副委员长的桑国卫院士和卫生部（今卫健委）部长陈竺对该项目给予了很高评价，陈竺将凯美纳誉为民生领域的"两弹一星"。

该项目也获得了2015年度国家科技进步奖一等奖。由于政策规定项目申报者必须是中国国籍，所以几个拥有外国籍的海归博士都没有在获奖名单上出现。

"凯美纳这个名字取自古希伯来文，意思是'上天的赐予'。"王印祥说，"我们这几个海归博士并不在意这些名誉上的得失，患者获得有效治疗是我们最大的期待。"

国际上治疗晚期肺癌的新药易瑞沙和特罗凯（盐酸厄洛替尼片），分别在2006年、2007年进入中国。凯美纳作为全球第三个、亚洲第一个治疗晚期肺癌的靶向抗癌药，从2011年7月开始销售，到2015年年底已有超过7万名晚期肺癌患者得到了治疗，其中3万多人获得慈善赠药，赠药100多万盒，价值25亿元。2015年该药的用药患者人数超过了进口药。在国内创新药推广渠道不畅的情况下，这不啻是一个具有里程碑意义的数字。

再出发

2017年8月，就在贝达药业上市9个月后，王印祥递交了辞呈，一心一意带领加科思，研发新的药物。

"加科思"（JOCOBIO）这个名字来自《圣经》，意思是"抓住上帝的祝福"。"大家都知道，研制药是一件风险极高的事，只有百分之几的成功率。"王印祥笑着说，"研制成一个新药，一方面要靠我们自己的努力，有时候还需要上帝的祝福。"

与贝达药业不同，他把加科思定位为"起助推器作用的新药研发平台"，让那些有志于新药研发的科学家们轻装上阵、少走弯路，并和他们一起创新创业。

参与加科思创办的，还包括药物化学家胡邵京，以及王晓洁、胡云雁、周文来等。

这样的想法，源自王印祥2003年回国后开发凯美纳的切肤之痛：当时，由于既缺资金又缺设备，不得不到处求人，找资金、买设备，困难重重，非常狼狈。

"对于一个有创新药研发梦想的科学家来说，仅仅有好的设计方案并不行，融资、团队、研发平台组建等问题同样也很重要；如果一切从零开始，不仅难度大，而且耗时间。"王印祥表示，加科思把创新平台搭建好，为有志于研发新药的科学家提供启动资金、实验室、研发团队等，他们就可以轻装上阵。

3年来，加科思的实验室已由最初的600平方米扩大到6000平方米，不仅建成先进的一条龙式实验平台，而且拥有国际一流的药物研发团队和相当的融资能力——有创新想法的科学家可以拎包入住。加科思与来自中国台湾、美国的科学家合作，开辟了新的研发领域，比如抗生素耐药新药、创新型的抗体药物等。

与此同时，加科思还自主开发了新型小分子抗肿瘤药JAB-3068。"不同于以激酶蛋白为靶点的'Me-too'类抗癌小分子药物，JAB-3068的靶点是磷酸酶蛋白。"王印祥说，30多年前，工业界的科学家开始以具有蛋白磷酸化功能的激酶和去磷酸化功能的磷酸为靶点开发药物，现在获批上市的上百个针对38个激酶的靶向抗癌小分子药，包括易瑞沙、格列卫、特罗凯、凯美纳等，都是以激酶蛋白为靶点的。"加科思刚成立的时候，大家还扎堆在激酶类蛋白上做文章，行业内称为'替尼大战'，加科思另辟蹊径，以磷酸酶蛋白为靶点，开辟出了一条新路。"

2018年1月，JAB-3068作为全球第二个磷酸酶蛋白小分子抗癌药（第一个由诺华开发，比加科思早7个月提交临床试验申请）通过了美国食品药品监督管理局（FDA）的临床审批，并在2018年3月启动了临床Ⅰ期试验。4个月后，该药获得了中国国家药品监督管理局药品审评中心的临床批件。

专业与优雅

"尽管我们的进展比较理想，但远谈不上成功。包括JAB-3068在内的所有项目，最后能否成功都是未知数。"王印祥说，做新药不仅要大把大把地烧钱，而且是真正的"九死一生"。发达国家的经验表明，进入Ⅰ期临床的项目最后能成功上市的，比例只有10%左右。

尽管如此，他的言谈举止非常轻松，感觉不出一点压力。

这与加科思的企业文化不无关系：专业与优雅。

专业自不必说，什么是优雅？

"优雅就是做事不能太着急，要慢下来，不能心急火燎。"王印祥说，优雅不仅仅是一种形象，也是一种态度。"尽管研制药物很难达到音乐和艺术创作那样的境界，但也要用好玩的心态、带着兴趣去做。做企业不能说一点功利也没有，但要尽可能地减少这个因素，做真实的、对社会有价值的事。这样考虑问题的时候，其结果跟一味急功近利、想立即把药卖出去的心态肯定是不一样的。"

在加科思，优雅不仅体现在干净、舒适、清爽的工作环境上，还体现在"按部就班"的工作节奏上。

"我跟同事说，周末不要来加班，该休息就休息。"王印祥说，"一个公司也是一个小社会，如果大家都很急躁、天天加班，时间久了会出问题。咱们是搞健康产业的，首先自己要身心健康。"

2016年完成初稿，2018年夏修改。

本文除了注明摄影者的图片，其余均由王印祥先生提供。

施一公：
我不能辜负大家的期望

人物
小传

（赵永新 摄）

施一公，男，汉族，1967年出生于河南省郑州市。结构生物学家，清华大学教授，"千人计划"特聘专家，中科院院士，美国国家科学院、美国艺术与科学院外籍院士。

1989年毕业于清华大学；1995年在美国约翰霍普金斯大学获博士学位，随后在美国斯隆-凯特琳癌症中心进行博士后研究；1998—2008年，历任美国普林斯顿大学分子生物学系助理教授、副教授、终身教授；2008年，婉拒美国霍华德·休斯医学研究所研究员的邀请，全职回到清华大学工作，次年任清华大学生命科学学院院长、医学院常务副院长；2015年9月，任清华大学副校长；2015年12月，与同仁创办西湖大学前身——浙江西湖高等研究院，任首任院长；2018年1月，辞去清华大学副校长职务，全力筹办西湖大学；2018年4月，当选西湖大学首任校长。

　　在美国期间，施一公主要运用结构生物学和生物化学的手段研究肿瘤发生和细胞凋亡的分子机制，集中于肿瘤抑制因子和细胞凋亡调节蛋白的结构和功能研究；回国后主要从事与重大疾病相关的膜蛋白结构与功能和细胞内生物大分子机器的结构与功能研究。迄今为止，在《细胞》《自然》《科学》等科学期刊发表高水平论文50余篇。

　　曾获国际赛克勒生物物理学奖、香港求是基金会杰出科学家奖、谈家桢生命科学奖终身成就奖、瑞典皇家科学院爱明诺夫奖、未来科学大奖生命科学奖等奖项。

〜〜〜〜〜〜〜〜〜

　　2018年1月9日，我在与陕西搭界的甘肃农村，为病逝的岳父奔丧。连续几天的降雪，把黄土高原包裹得严严实实，真个是白雪皑皑、天寒地冻。

　　上午8点刚过，我收到施一公从北京发来的微信：永新好，为更好地创办西湖大学，我已经辞去清华大学副校长的职务。

　　看完微信，我心头一热，耳边蓦然响起4年前采访施一公时他说的那句话："如果不这么拼命工作，我觉得对不起清华对我的信任，也对不起回国后注视我的眼睛——我不能辜负大家的期望。"

每天睡五六个小时

　　2008年2月，40岁的美国普林斯顿大学终身讲席教授施一公全职回国，受聘为清华大学教授。当时，他在普林斯顿的科研顺风顺水：自己的实验室占据了整整一层楼，每年的研究经费高达200万美元；就在他决定全职回国前，著名的霍华德·休斯医学研究所给他5年1000万美元的稳定科研经费资助。

"回国的理由很简单。"施一公说，"我在美国做得再好，也总觉得自己是一个旁观者。回到国内，我会成为祖国变化的一部分，生物学的变化、清华的变化，都和我有关。"

他的主攻方向，是用结构生物学的方法解析生物大分子的三维空间结构，从而揭示生命的本质。回国后，他把研究聚焦在极具挑战性的生物大分子机器和膜蛋白结构解析上。

回国后能否续写辉煌？施一公其实背负着很大的压力。他对咖啡敏感，喝完咖啡就心跳加速，所以在美国时不喝咖啡。为了驱赶疲劳，回清华后他开始喝咖啡，最初喝半杯，后来喝一杯，最后喝到三杯。

回国后，他每天睡眠不足5个小时：每天工作到第二天凌晨2点才回家，到家后因为精神还处在亢奋状态，一般到三四点才能入睡，第二天早晨七八点起床。

这一状态延续到2012年3月14日。那天上午他突然感觉特别不好，头晕目眩、浑身乏力，到医院检查时医生都惊呆了：心跳只有每分钟40次左右。

在医生的严厉警告下，施一公开始改变作息时间，早睡早起：每晚12点到12点半睡觉，早上6点半起床送孩子上学。"这样一来，睡得比以前多多了，有6个小时左右。"说到这里，施一公笑了。

超常的付出，换来不俗的成果。2009—2014年，施一公作为通讯作者，在世界三大科学期刊——《细胞》《自然》《科学》上发表论文17篇。特别是他在世界上首次成功解析了细胞凋亡小体的高分辨率空间三维结构，和与阿尔茨海默病直接相关的早老素原核同源蛋白的晶体结构，为癌症等人类重大疾病的预防治疗提供了新的途径。

"我回国后的目标非常明确，就是要做出一些有历史意义的科学重大发现，我觉得这个目标正在成为现实。"他说，如果在普林斯顿大学的研究打85分，现在可以打90分。

3个 "6"

更让施一公感到骄傲的，是人才培养。"我是大学老师，有两件事是必须做的，一个是科研，另一个就是教学。其实这两件事都是围绕人才培养：通过教学，让学生掌握基础知识和思维方式；通过研究，让学生掌握研究技能和方法，进而成为未来的科学领袖。"

他的第一批学生（8人）均已毕业，除1人硕士毕业去了制药公司，其余7人都读完博士，其中1人加入他的课题组，6人出国深造。

让施一公得意的是，他的学生出国留学不是申请单位，而是挑选单位。学生李晓淳博士毕业时，麻省理工学院的一位美国国家科学院院士和洛克菲勒大学的一位诺贝尔奖获得者都想要他，最后他选择了后者。李晓淳出国不到2年，就已有一篇重要文章被《自然》杂志接受。"他们去的都是美国最好的实验室，都非常争气，给咱们中国人争气。我毫不怀疑他们大多数会脱颖而出，成为优秀的青年科学家。"

"一般人出差回来要先回家里休息一下，但施老师回校后第一时间精神饱满地出现在实验室。"博士研究生谢田介绍，施老师基本没有节假日，一有时间就到实验室和学生们讨论课题，每个周日下午都坚持和同学们开组会。

右图1 ▶
施一公和父母

右图2 ▶
2010年8月，施一公就深化科技体制改革接受采访
（赵永新 摄）

右图1 ▶
2017年10月29日，在未来科学大奖颁奖典礼上，施一公受奖后与家人合影

右图2 ▶
施一公在"未来论坛"年会上做学术报告

右图1 ▶
2017年10月，施一公在"未来论坛"年会上演讲

右图2 ▶
施一公与同事参加禁烟宣传

右图1 ▶
施一公在讲课

右图2 ▶
施一公在实验室

上图 ▲
施一公在实验室

上图 ▲
西湖大学首任校长施一公
（赵永新 摄）

上图 ▲
施一公在办公室（赵永新 摄）

浙江西湖高等研究院
WESTLAKE INSTITUTE FOR ADVANCED STUDY

上图 ▲
浙江西湖高等研究院

"他甚至出差几天见不到学生就心生恐慌。"在学生眼里，施一公既平易近人，又异常严格。他对新招收的学生说：既然你选择了做研究，就要以科学创新为己任、踏踏实实做研究，不要再想其他的事情。

让他倍感欣慰的是，他的学生大部分都受了他的影响，希望毕业后能开展独立的研究生涯。"2014年是一个大年，好几年积攒的博士都在这一年毕业。6月6日，就有6位博士学生答辩——3个'6'，有意思吧？"施一公乐了，"到年底，还有2位博士毕业。这样，到今年底共有8位博士从我的实验室毕业。"

非升即走

施一公也有苦恼——杂事太多。"凡是与教学、科研没有直接关系的，我都称之为杂事。"他不无抱怨地说，人才招聘、各种基金评审、学术报告等，占了很多时间。

当然，也有让他骄傲的"杂事"——人事制度改革。

"为什么那么多华人科学家在国外干得非常出色？其中一个重要原因就是良好的科研环境。"回国后，施一公曾在多个场合呼吁改革科研体制中的积弊，喝彩很多，非议也不少。

与其抱怨大环境，不如从我做起、改变小环境。主持清华大学生命科学学院和医学院工作后，施一公进行了大胆的人事制度改革。

"其核心就是打破铁饭碗，实行国际化、竞争性、流动制为标志的'非升即走'的用人机制。"他举例说，人才引进面向国内外开放，全部实行海外评审专家组评议；薪酬体系采取国际通行的年薪制，不让他们为柴米油盐发愁；给每个实验室配备一定的启动基金，免去了他们的项目、经费申请之苦……

与此同时，对所聘人才的评审也很严格：如果谁在6年之内达不到世界一流大学的终身教授水平，就必须离开。

截至2014年上半年，已有70多名国际优秀人才到清华大学全职工作，产生了一批重要的研究成果。2009—2014年，清华大学生命科学学院和医学院教师已在《细胞》《自然》《科学》三大期刊发表论文30多篇，有2项成果被美国《科学》"年度十大进展"重点引用。在2010年举行的国际评估中，由世界一流学者组成的专家组一致认为，清华大学生命学科总体发展态势很好，其中结构生物学学科已达到世界一流水平。

对此，施一公满意但不满足。"中国是人口第一大国、经济第二大国，但科技竞争力在全球排名前20位之后，我觉得很汗颜。我们还要继续努力。"

填补空白

2016年12月10日上午，西湖大学的前身——浙江西湖高等研究院（简称"西湖高研院"），在杭州西溪宾馆宣布成立。

这是我国历史上第一所由民间力量筹办、剑指"世界一流"的综合性高等教育研究院。其创办者，是施一公、潘建伟、陈十一、饶毅等大名鼎鼎的"海归"。

"这是一个激动人心的时代，也是一个充满挑战的时代！于我辈，这个时代提供了空前但不绝后的科教兴国的契机；于我辈，科教兴国是历史大时代所赋予的大责任！科教兴国，为了这个理想，我们立誓为之奋斗终生。"首任院长施一公在发言中，阐明了他们创办西湖高研院的初衷——

在国内一流的大学和研究院所从事科研、教学多年，我们感受到了公立大学的勃勃生机。与此同时，我们也在现有基础上通过各种有益的尝试，一直不断地探索适合我国国情的、兼容并包、百花齐放的教育体制和科研模式。纵观世界近代科教发展史，民办大学由于其灵活多样和财力雄厚而展示出巨大的实力；哈佛大学、耶鲁大学、普林斯顿大学、麻省理工学院、斯坦福大学等一批民办名校不仅培养出包括众多诺贝尔奖得主在内的一代代优秀学者，还成为科技密集型经济发展的引擎，在全球经济、科技发展中占有举足轻重的地位。在中国，民办高等教育近年来蓬勃发展，但目前主要以职业技术教育为主，还未曾在前沿科学研究和高技术领域的高层次人才培养方面进行尝试。这个空白需要一代人携手迈出第一步去填补！

改革开放以来，近五百万留学生迈出国门，其中两百多万已经学成回国。他们在中国长大，从小接受中华文化的熏陶，深受人民的恩泽；他们怀抱科教兴国的梦想，立誓用自己所长报效祖国，而创建一所世界一流的民办大学正是这一群人和国内万千同道的共同目标……

怀着这样的梦想，2015年3月11日，施一公、陈十一、潘建伟、饶毅、钱颖一、张辉、王坚七位西湖大学倡议人，正式向国家提交了《关于试点创建新型民办研究性的大学的建议》。在浙江省委省政府、杭州市委市政府和西湖区以及社会各界的大力支持下，西湖高研院诞生了。

道阻且长

按照几位创始人的设计，10年、20年之后，在浙江杭州，将有一所在全世界备受尊崇的、立足中国大地、具有中国特色的民办高等学府——西湖大学。这里，将拥有世界上最杰出的一批科学家，培养最优秀的青年人才，从事最尖端的基础和应用研究，探索适合中国国情的科研教育体制机制，为中国高科技的可持续发展提供强大的引擎和支撑。而到那时，中国也将有一大批有情怀、有理想的企业家，不仅会对西湖大学慷慨解囊，也会支持其他科学家、教育家群体共同发起、创办一类如西湖大学的一样的世界一流的民办研究型大学，与我国众多优秀的公立大学交相辉映。

"毫无疑问，创办这样一所大学不是一件容易的事情。这是一次大胆的尝试，有阻力，有风险。"施一公心里清楚，这样一次大胆的尝试，需要国家和各级政府的支持，需要一大批企业家的慷慨资助，也需要一大批志同道合者的群策群力。

"我对施一公他们的改革创新一贯支持，充满尊敬。他们有爱国的热情、远大的理想和不怕困难、一往直前的勇气。他们代表了中国传统知识分子的美德，也代表了新一代知识分子的品格。"成立大会上，时任全国政协副主席的韩启德指出："施一公们"创办民办高等科研机构毕竟是一条需要改革探索的新路，还面临许多挑战。

一所民办院校的起步，资金是绕不开的话题，西湖高研院同样如此，离不开大量有情怀的企业家的支持。幸好，西湖高研院的起步获得了吴亚军、王东辉、王健林、马化腾、邓锋等多位企业家的慷慨解囊；熊晓鸽、丁列明、范渊、甘中学、黄晓庆、刘佳炎、华绍炳等"千人计划"学者也都欣然捐赠。但未来，学院依然需要更多企业家的持续支持。

"西湖高研院和西湖大学（筹）将顺应国家科技教育体制改革的大方向，遵循高等教育和科技创新的客观规律，探索理事会领导下的院（校）长负责制等新的管理运行机制，为中国的科教事业蹚出一条新路。"施一公表示。

义不容辞的责任

在施一公等同仁的共同努力下，西湖高研院的建设进展还算顺利，并于2018年4月获得教育部批准，正式更名为西湖大学。其定位为"小而精、高起点、研究型"的民办高等学校，主要开展基础性、前沿科学技术研究，着重培养拔尖创新人才。西湖大学依托生物学、基础医学、理学和前沿技术4个研究所，组建生命科学学院（含生物学和基础医学）、理学院、工学院，优先形成理学、医学、工学等3个门类12个一级学科；随着学校的发展，西湖大学还将适时设立人文社科学院和相关学科。

2018年4月16日，在杭州举行的西湖大学创校校董会第一次会议上，已辞去清华大学副校长职务的施一公当选西湖大学首任校长。

"办好西湖大学是我肩上义不容辞的责任。人生为一件大事而来，西湖大学就是我生命中的这件大事。"施一公在竞聘演讲中表示：我已经做好准备，毫无保留地付出我的全部心力，以不忘初心、无问西东的务实态度，带着国家、社会、政府和全体师生员工的重托，使西湖大学成为国家和民族的骄傲！

2014年完成初稿，2018年夏修改。

本文除了注明摄影者的图片，其余均由施一公先生提供。

朱健康：
从象牙塔回归田野

（赵永新 摄）

朱健康，男，汉族，1967年出生于安徽省阜南县。植物生物学家，美国国家科学院院士，美国普渡大学教授，中科院上海植物逆境生物学研究中心（简称"植物逆境中心"）主任。

1987年于北京农业大学（现中国农业大学）本科毕业；1988年赴美留学；1993年获得美国普渡大学植物生理学博士学位；1996年进入亚利桑那大学植物科学系任教；2004年进入加州大学河滨分校植物学与植物科学系任教，先后担任特聘教授、研究所所长、简·约翰逊讲座教授；2010年当选美国国家科学院院士；2011年起担任美国普渡大学生物化学与园艺及园林系杰出教授，同年入选"千人计划"顶尖人才，着手筹建中科院上海植物逆境生物学研究中心；2016年全职回国工作。

朱健康主要从事植物逆境生物学和表观遗传学研究，在国际上率先开展植物抗盐的分子遗传机理研究，提出植物抗盐的SOS途径，为从分子水平揭示植物的耐盐机理奠定了基础。同时，在植物抗旱、抗冻分子机理研究和植物表观遗传研究方面亦多有建树。

2012年4月底，我和其他几位记者在中科院采访刚从美国归来、出任上海植物逆境生物学研究中心主任的朱健康。从此前发给记者的资料中，大家得知，朱健康在2011年当选美国国家科学院院士。因此，见面打招呼时，大家都照例称他"朱院士"。

身穿蓝衬衣的朱健康一边与记者握手，一边纠正："你们别喊我'院士'，叫名字就好了。"

我听了颇感诧异：国内对两院院士都是称呼"××院士"啊！

由此，我对朱健康更加好奇：现年45岁的他是如何从皖北农村的一个穷孩子成为美国国家科学院院士的？在美国学习、工作20多年，留给他印象最深的是什么？久别归来，他能否适应国内的学术环境，把植物逆境中心办好并实现自己的梦想？

寒门子弟

朱健康是真正的寒门子弟。1967年，他生于安徽省北部阜南县的一个小村庄，兄弟姐妹5人，他排行老二，家境可想而知。

朱健康的启蒙老师，是自己的父亲。"他是村里有名的才子，如果不上中专准能考上大学。后来爷爷奶奶饿死了，他中专没毕业就回了老家。因为家庭成分不好，他不能当教师，也不能当会计，只能当农民。"

他的父亲不仅种地、养蜂、宰羊、盖房子、做家具样样精通，而且数学特别好，讲得通俗易懂。"他对教育非常重视，省吃俭用供我们上学。"

朱健康印象最深的中学老师，是他在高三插班时的化学老师洪新民。"我高中前两年是在乡镇中学上的，许多课都没有老师教。我高二考大学时没考上，高三时转到县城插班。"他回忆说，洪老师很会讲课，让你觉得化学课很有趣。"其他老师的课我都睡觉，只有他的我不会。"

看10分钟等于看1小时

"考大学没有明确的目标，当时班里订了一本《中学生数理化》的杂志，其中一期有北京农业大学的图片，挺漂亮的，后来就报了它。"大学四年，朱健康学得很轻松，毕业后考了北大的生物系研究生。"当时觉得土壤专业太古老了，学生物更让人兴奋，所以没听老师保送土壤研究所研究生的建议，自学了生物的本科课程。到北大一看，最热门的就是出国，师兄师姐们都在考托福和GRE，自己也想试一试，后来就申请成功了。"

从上中学起，朱健康就有个坏习惯：上课睡觉。睡觉还能成为大科学家？肯定有什么窍门吧？

朱健康笑了："真没什么窍门。我觉得效率很重要，想睡的时候就睡，睡醒后有精神了，看10分钟等于看1小时。"

下图1 ▼
1985年春，朱健康（左四）和同学在颐和园踏青

下图2 ▼
1988年夏赴美留学时，阜阳籍大学同学去首都机场送行。从左到右分别是：张杰、谢亭、朱健康、孙永新

下图3 ▼
2017年夏，朱健康在中科院上海植物逆境中心成立五周年学术研讨会上。左为中科院原副院长李家洋，右为北京大学原校长许智宏（赵永新 摄）

上图 ▲
2012年4月，朱健康在中科院接受记者采访
（赵永新 摄）

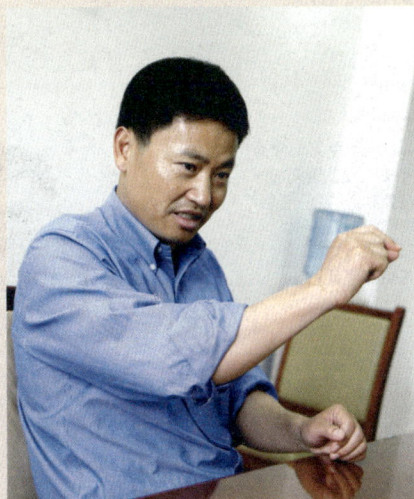

上图 ▲
2017年2月，朱健康和儿女在美国南加州

右图1 ▶
2017年5月，朱健康和夫人在美国南加州住家附近的公园留影

右图2 ▶
朱健康在实验室

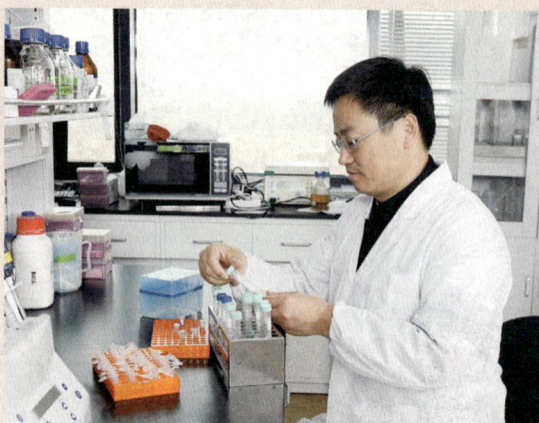

右图1 ▶
2017年12月，朱健康全家在马姆莫斯湖度假村滑雪，享受圣诞假期

右图2 ▶
2017年10月，朱健康夫妇与澳大利亚昆士兰大学的博泰拉教授夫妇一起游览热带雨林

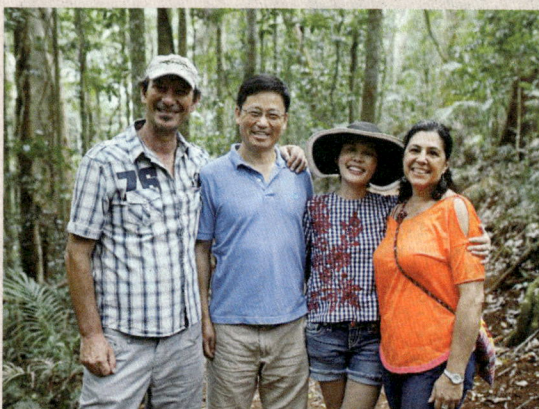

右图1 ▶
2018年朱健康儿子毕业前夕，父子俩在伯克利图书馆

右图2 ▶
2018年5月，朱健康参加美国科学院年会时和夫人在华盛顿

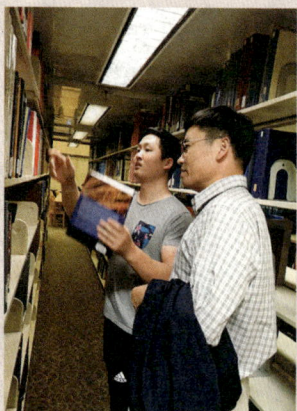

"现在许多同学是不是把上名牌大学看得太重要了？从我自己的经验来讲，关键是要有兴趣。"他说，"有兴趣才愿意花时间、动脑筋钻研。如果对做的事没兴趣，再苦再累也不太可能有大的突破。"

体会最深的三点

1988年秋，朱健康从北大到美国加州大学河滨分校攻读植物学硕士。他说，这之后才慢慢真正了解了科学，觉得做科研挺有意思。

在美国留学、工作20多年，朱健康体会最深的有三点。

"第一点是特别给年轻人提供机会。"朱健康27岁时成为奥本大学的助理教授。美国的助理教授和正教授一样，可以建自己的实验室，带博士、博士后。"我到2000年就提了正教授——并不是说我自己做得多么好，而是觉得学校给年轻人机会非常好，而不是非得熬多少年之后才能出头。"

"第二点就是崇尚卓越。美国的学术氛围特别好，大家都能够欣赏好的工作。在高校也好，研究所也好，大家关心的就是学术问题，在一起谈论也多是学术问题，很少在乎这荣誉那荣誉、这评价那评价。只要你把工作做好了，同事都会为你高兴。"

"第三点就是美国人勇于质疑的科学精神。整体上感觉他们更善于独立思考，而不是别人说什么就信什么。"他特别讲了一件事："我在北大读研的时候流行气功热，当时大名鼎鼎的气功大师严新来做报告，全场爆满。他说得神乎其神，什么一发功就让瘫痪的人能跑了啊，听的人都信以为真，对他崇拜得不得了。后来我在美国读博士，被周围老师、同学'独立思考''理性质疑'的气氛所感染。一次严新受邀来美国做报告，我边听边琢磨，才发现他讲的事情从头到尾都没有什么证据。他说什么'气功可以改变DNA的结构',演讲结束后我去问他,他居然连什么是DNA都不知道!"

念念不忘的三位科学家

朱健康念念不忘的三位美国科学家:硕士生导师尤金·诺特纳格尔、博士生导师保罗·M·长谷川、亚历山大大学的系主任罗伯特·伦纳德。

"在许多人看来,尤金·诺特纳格尔科研做得并不太成功。他做的课题有点冷门,产出不高,拿的经费很少,但他依然坚持,安安心心做自己的研究。我跟他读研的时候,他刚从助理教授升到副教授,但我非常佩服他,从他身上学到不少东西。"朱健康说:"他是非常典型的老学究,做事一板一眼,古板到研究生都不愿选他的课。他讲的一门课非常没意思,结果只有我一个人上。尽管只有我一个学生,他还是讲得非常认真,在黑板上写啊写,认真地讲完一小时。我事先把自己上课睡觉的坏毛病跟他讲了,他听完后淡然一笑:'我讲我的,你睡你的。'有好几次我真睡过去了,他就停下来等,我睡醒了他接着讲。""尤金·诺特纳格尔就是这么一个老师,非常好的一个老师!我们现在都是很好的朋友。"

朱健康的博士生导师,也是不太受学生喜欢的日裔科学家保罗·M·长谷川。"他对学生要求太严了,好几个学生上了几年后被他训斥得做不下去。"朱健康说,"但是我跟他学习非常受益。我做什么课题他都很支持,并像一个朋友、一个同事一样和我讨论问题。长谷川每礼拜都会给每位学生定个时间,让他单独汇报自己的研究进展。许多学生见了他都紧张得发抖,但我就很放松,因为我都在认真地做研究，没有结果他也不责备。当我把自己从文献里读到的新东西告诉他，他会很高兴，一点也不觉得无聊。受他的影响，我现在也特别喜欢好的学生，能从他们那儿学到很多新东西。"

第三位科学家，是亚历山大大学的系主任罗伯特·伦纳德。"美国高校的系主任握有'生杀大权'，系里的老师教多少课、涨不涨工资，都是他说了算。系里有很多委员会，加入委员会的教授都要花时间做与自己的研究关系不大的事。我刚到系里的时候，伦纳德对我说：'你很年轻，又喜欢做研究，委员会就尽量让别人多参加好了；课也可以少上一点。我的研究进展很快，许多国家邀请我去做报告，一些教授难免有意见，他却说'没关系'。"朱健康说："伦纳德真的是为每个人着想，让你充分发挥自己的长处。"

做不好不如不回来

植物逆境中心要解决什么问题？

"最终的目标就是培育出抗逆、高效的作物新品种，保障国家的粮食安全。"朱健康说，"'抗逆'包括抗旱、抗盐、抗冷、抗热、抗病等。现在植物抗逆的许多基本科学问题还没解决，全世界的研究机构和跨国公司都在投入巨大的人力、财力攻关。这个中心就是想搞懂抗逆的基本原理，进而培育出新的作物品种。"

在美国待了20多年，能适应国内的学术环境吗？

"这也是许多海外留学人员最关心的话题。"他笑着说，"我感觉国内的学术环境在改变。想改变的人多了，回来的人多了，就会有更大的改变。"

植物逆境中心的真正运作，始于2012年年初。"在中科院上海生命学院的大力支持下，进展很顺利。这两年国内科研经费投入很大，做事情的效率也很高，想到中国做科研的人越来越多。几个月前，我从美国一下子招了10个博士后，其中还有2个日本人，他们都愿意转到上海来。"

植物逆境中心目前的研究团队已有60人，5位首席科学家中还包括两名"千人计划"学者——加州大学河滨分校教授杨贞标和密歇根大学教授李建明。

朱健康坦陈，带领这样一支团队确实有挑战。"不过我愿意做这个事情，以前也有带团队的管理经验。带领一帮志同道合的人一起做，比自己一个人做更有趣。"

"回国就是想把研究做得更好，如果做不好还不如不回来。"朱健康说，因为他在美国还有一些研究课题和学生，还要花部分时间。"如果国内进展顺利，我会尽快全职回来。"

把有价值的东西做出来

朱健康说到做到。2016年，他全职回到位于上海辰山植物园内的植物逆境中心，向着"世界一流研究机构"的目标进发。

在2017年夏天举办的中科院上海植物逆境生物学研究中心成立五周年学术研讨会上，朱健康与多位国内同行就"如何避免'论文论英雄'"和"应该做什么样的科学研究"等问题同台交流，在与会的学者、学生中引发热烈反响。

"论文只是科研的副产品，我们不能再被论文数量和'影响因子'牵着鼻子走了。"朱健康说，"对做科学的人来说，有没有取得真正进步、有没有作出实质贡献才是最重要的。好的东西也许大家现在不关注，但过10年、20年后一定会成为经典。"

在朱健康的倡导下，植物逆境中心抛开论文篇数、影响因子、荣誉称号等外在评判标签，只关注科研工作的好坏。在读博士何力当时还没有作为第一作者的文章，有一篇已经写了很久，还没有投出去。何力说："朱老师是特别严谨、追求完美的人，只要他觉得有一丁点儿不妥，就要求我们解决。这样的经历很痛苦，但终极目标还是要解决科学问题。"

成立5年来，植物逆境中心聚焦基础研发和转化应用，在新机制、新技术上取得多项突破，让国际同行刮目相看——

发现分散式的植物胁迫感应机制。此前科学家只在细胞膜上寻找逆境胁迫感受器，朱健康团队则发现，细胞壁、叶绿体、线粒体、内质网、高尔基体、过氧化物酶体等都存在着各种逆境胁迫的感受器。该发现颠覆了传统认知，从而引导科学家拓宽视野、发现更多关键的胁迫感受器，将对该领域的快速发展起到重要的推动作用。

提出植物DNA甲基化水平平衡器这一新概念。DNA甲基化是调控生长发育和环境应答的重要因子，它就像是一个表观遗传的"温度计"，可对生物体生长发育和逆境应答精准调控，具有重要的理论和应用价值。

发挥跨学科优势，发明抗逆技术、新产品。他们通过化学遗传体系筛选到能提高植物抗旱性的小分子化合物AM1，该小分子化合物具有稳定、高效、使用灵活简单、成本低、通用性强等明显优势，短期内持续喷施就可提高作物的存活率；利用遗传学的技术与方法增强植物抗逆的受体基因，再结合小分子化合物方法，可使植物的抗逆性更上一层楼。

提出耐逆作物可高产优质化的育种新理念。一般而言，植物的抗逆性与高产优质难以兼得，植物逆境中心的研究则发现，藜麦、苦荞、糜子等作物既有抗旱性又耐贫瘠，同时又具有营养均衡的特点。这一育种新理念为保障粮食安全和生态环境安全开辟了一条新途径。

此外，植物逆境中心在植物抗逆生物技术开发和应用方面也成绩斐然：建立了一项通用、高效鉴定蛋白激酶底物的新技术，实现了CRISPR/Cas9基因组定点编辑系统在植物基因组中的高效编辑，利用改进的CRISPR/Cas9系统高效和特异性地实现单碱基改变，利用双生病毒载体系统实现CRISPR/Cas9对水稻内源基因的高效定向敲入……这些新技术将成为推动植物科学未来发展的"利器"。

说到未来发展，朱健康眼中闪光："做重要的工作、实现大目标，需要很多人一起长期努力。我希望带领这个团队奔着一个方向持续努力，把真正有价值的东西做出来。"

2012年4月完成初稿，2018年夏修改。

本文除了注明摄影者的图片，其余均由朱健康先生提供。

张宏

只管前行

李文辉、隋建华

莫问成败

科学的天很高

邵峰

罗敏敏

研究神经学的"神人"

"小女人"

不像科学家的科学家

颜宁

我永远不会对自己满意

我没把自己当成

刘颖　许晨阳

此生最爱是数学

张宏：
我永远不会对自己满意

张宏，男，汉族，1969年出生于安徽省歙县。细胞生物物理学家，中科院生物物理所研究员，生物大分子国家重点实验室副主任。

1991年毕业于安徽大学；1994年获得北京大学医学部硕士学位；2001年获得美国爱因斯坦医学院博士学位；2001—2004年在哈佛大学医学院马萨诸塞州总医院癌症中心从事博士后研究；2004—2012年在北京生命科学研究所工作，先后任研究员、高级研究员；2012年至今，任中科院生物物理研究所研究员。

张宏长期致力于细胞自噬方面的研究，在多细胞生物细胞自噬分子机制方面取得了系列重要成果。创立了以线虫为模型的多细胞生物自噬研究体系，鉴定了一系列多细胞生物特有的新自噬基因，阐明了新自噬基因的作用机制，并揭示了多个自噬新基因的功能缺失与神经退行性疾病的关系。这些研究突破了人们先前基于单细胞酵母的对自噬机制的认识，开拓了多细胞生物自噬过程的新研究领域。

获得的主要荣誉有：Lilly亚洲杰出科研成就奖、霍华德·休斯医学研究所国际青年科学家奖、谈家桢生命科学创新奖、中国细胞生物学会杰出成就奖。

"我希望自己能够死在实验室，而且我肯定会的——这是我最美好的结局。"

在2012年年初的采访中，这句话张宏说了至少3次，而且每次都说得非常自然。

个头不高、身体很壮的张宏，当时在北京生命科学研究所任高级研究员。从黄山脚下的乡村到省城合肥，从美国哈佛大学医学院到北生所，张宏在科研的道路上走得自信而坚决，已成为细胞自噬领域的国际知名科学家。2012年年初，他与我国的其他6位同仁一起，荣获霍华德·休斯首届国际青年科学家奖。

收到来自美国的获奖通知后，张宏没有告诉任何人，好像完全没有这回事似的。

"我搞科研纯粹是因为自己喜欢，荣誉、奖励啊，这些东西都不重要。"张宏最看重的是，自己在科学上做出了什么、发现了什么。"如果几十年之后还有很多人在谈论你做过的东西，还在沿着你开创的方向继续往前做，这就足够了。"

一生中最简单的决定

2004年，作为我国探索现代科学研究机构运行机制的试验田，北生所位于北京市昌平区的办公楼刚刚竣工，所长王晓东正忙着从海外招兵买马。

"就是这里了！" 2004年7月4日，张宏回到阔别多年的北京。站在北生所空空荡荡的大楼里，他不但没有感到失落，反而有几分窃喜。

1994年，从北京大学医学部硕士毕业的张宏，与女友一起赴美国留学。2001年从爱因斯坦医学院博士毕业后，他到了著名的哈佛大学医学院，在著名肿瘤学家丹尼尔·哈伯教授实验室从事博士后工作。张宏做得非常出色，获得宝来惠康基金会生物医学事业奖，该奖项是专门颁发给优秀博士后的，每年只有20人获奖，每人奖励60万美元科研经费。

2003年年底，张宏听朋友说中国正在筹建北生所，就把简历投了过去。两个星期之后的一个大雪天，他在康涅狄格州的一个机场参加由王晓东主持的面试。"跟我一起面试的有十几个人，但最后只有我一个人回来了。"

当时，张宏的科研工作进行得非常顺利，在美国找一份满意的工作没有任何问题；爱人也已经上班，工作很稳定，工资也不低。

"在这种情况下选择回国，下决心一定很难吧？"

"这可能是我这辈子做得最简单的一个决定，比选择上哪个大学来得更容易。当时我继续留在美国已经没有意义，因为我能想象得出今后的生活是什么样子：从副教授干到教授，然后退休，一辈子就这样了。而生活稳定不是我追求的，只要家庭稳定就可以了。"他哈哈一笑。

　　"我需要的就是这种刺激、这种追逐。"他告诉记者，在"很稳定的生活"和"根本不知道明天会发生什么事情"之间，"我肯定会选择后一种：这多富有挑战啊！"

　　"那您太太愿意吗？"

　　"我和太太出国前有一个'交易'。"张宏得意地笑了，"我们申请学校时，她申请的是爱因斯坦医学院，被录取了；我当时被几所学校录取，就跟她说：'我选择一所离你最近的学校，但这辈子只有这么一次我跟着你走，今后所有的决定必须我来做。'她说：'行'。所以在回国的事情上，她没有太多的犹豫。"

做别人没有做过的东西

　　到北生所后，张宏立即着手建立自己的实验室，定制所需的各种设备、材料。结果，喜欢挑战的他很快遭遇挑战。

　　"你肯定搞错了，中国从来没有人定过这个东西。"他向德国的一家仪器设备公司定一套线虫显微注射仪器，结果对方自作主张，给他换了一套做细胞的显微仪器。

　　他碰到的另一个难题，是做实验用的塑料培养皿。"我每天需要使用1000～2000个培养皿，当时市场上的价格是一个6毛多，根本负担不起。我就在全国的企业找，终于和江苏省海门市的一个乡镇企业谈妥了，他花1万元钱给我造了一个模具，专门给我的实验室做培养皿，每个3毛2，一直做到现在。"

　　碰到这些问题并不奇怪，因为张宏是中国大陆第一个以秀丽隐杆线虫为模型，做细胞自噬机理和调控机制研究的。

　　作为细胞内主要的代谢方式，细胞自噬是通过形成一种叫作自噬小体的双膜结构，来包裹细胞质和一些受损的细胞器，并把它们运送到溶酶体中降解。"打个比方说，细胞自噬就是通过自噬小体这个清洁工，把细胞内的垃圾清除掉。"张宏说，细胞内的"垃圾"如果不能及时被清除，积累多了，细胞就不能正常运转，从而引发一些疾病，特别是阿尔茨海默病、帕金森病、亨廷顿舞蹈症等神经退化性疾病，以及心肌梗死、肿瘤等。"细胞自噬是一个非常复杂的生理过程，如果我们能把其中的重要机理和调控机制搞清楚，就可能推动这些疾病的治疗和相关药物的研发。"

"科学家们对细胞自噬的最初了解，都是源于单细胞的酵母；我们这个实验室是真正从多细胞生物——线虫来研究细胞自噬基因的。"截至2012年3月，他们已在《细胞》《发育细胞》等权威杂志发表10多篇高水平论文，取得一些重要突破：线虫发展成研究自噬的多细胞生物模型，并通过该模型发现了一批参与自噬作用的重要基因，从而为更好地理解细胞内蛋白降解机制提供了全新的视角。

从事这些前沿性的原创研究，困难自然可想而知。"我绝不会因为一个事情难而放弃。"张宏讲了个故事：他读博士的时候有一个基因没有克隆出来，就在做博士后研究期间，利用晚上和周末，到隔壁一个线虫实验室继续克隆那个基因。当时还没有高通量基因测序等技术手段，克隆一个基因像大海捞针一样困难，但他硬是坚持了一年多，把这个基因搞出来了。"我克隆这个基因并不是为了博士毕业或者发文章，纯粹是为了坚持自己的信条：只要你觉得某个东西重要，不管有多困难，也一定要把它弄出来！"

在张宏的科学词典里，没有"失败"这个词。"我跟学生说：实验没有成功、失败之分，只有正结果、负结果，正结果、负结果都是结果。寻找真相就是从不同的路去探索，负结果就证明这条路不通呗。"

张宏的另一则科学信条就是：绝对不做别人做过的东西。"我从来不认为我比别人聪明，也不认为比别人运气好，自己也不是工作最苦的，所以别人做的东西我不会做得更好——我唯一能做的，就是做别人没有做过的东西。"

"这当然需要自信。"他以自己为例："我本科是安徽大学毕业的，但从不因此而抬不起头。如果你老想着这个事情，以为自己就能干安徽大学毕业生干的事，那你说你还能干啥？"他有自己的一套理论：非名校毕业也有它的好处，如果你是清华、北大毕业的，你可能为清华、北大感到骄傲；但如果你是安徽大学毕业的，你的母校可能就会以你为骄傲。

没有比这个更美好的了

张宏的电脑桌面，是他陪女儿在海边散步的照片；背后的柜子上，挂着儿子画的花草。

说到孩子、家庭，他讲了一个笑话。一天晚上陪家人吃饭，他喝了点酒，对儿子说："你爸是个科学家，也算是个人才。"听到这里，儿子吃惊地张大了嘴巴，含在嘴里的比萨掉了出来，满脸怀疑地问："你也是个人才？"

旁边的太太半开玩笑地接过话头："你不就是个开车的吗？"

"我能为家庭做的，就是当司机了。"张宏说，他每天早晨6点半起床，把孩子送到学校；一周七天只在周六、周日晚上陪家人吃两顿饭，其余都在单位吃。他每年强迫自己休一次假，带家人出去玩一趟。"当然我的功能也极其有限，就是给他们开车。"

上图 ▲
张宏当年就读的安徽省歙县黄备小学

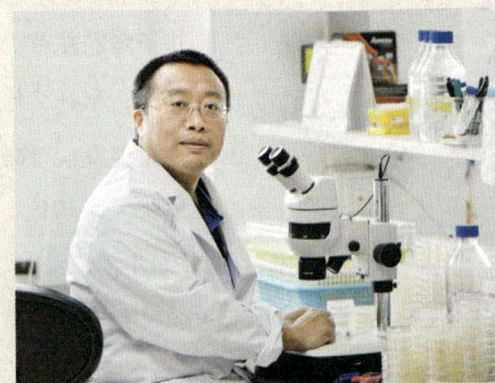

上图1 ▲
2009年夏，张宏与女儿在美国夏威夷海边散步

上图2 ▲
2014年3月，张宏在意大利参加学术会议时留影

上图3 ▲
2015年春节期间，张宏与家人在塞班岛休假

上图 ▲
2018年夏，张宏在中科院生物物理研究所实验室

"我除了出差和休假，不来实验室的日子不会超过5天。"他说，"我在家里当然也能工作，但就会感觉无所适从，浑身不自在。我太太看见我这样，就会说：'你走吧走吧！'"

"在实验室里我就感觉很舒服，读文献、写文章、跟学生谈话……做什么都可以。"他笑着说，"做科研对我真的是一种乐趣。我不能想象，除了科研我还能做什么。"

除了每天下午打一个小时的羽毛球，张宏没有别的爱好。"如果有时候觉得很累，我就泡杯茶，读上两篇好文章。看着那个实验设计得那么精妙，那种感觉真的非常非常美好！我觉得生活里没有比这个更美好的了！"

一定要学会放弃

谈到自己回国后这几年的变化，张宏说，中国的科学技术的确是在进步，但进步的速度还是比较慢。"其中的一个重要原因，就是许多做科研的人功利心太强，只把科研当成敲门砖，一旦达到某种目的，就失去对科研的兴趣了。"他遗憾地说，"我觉得很多年轻人回来以后迷失了方向，追逐了很多不该追逐的东西。"

"我们现在面临的诱惑的确很多，但你一定要学会放弃。"张宏说："我经常问自己：什么是最重要的？当你知道某个东西对你不重要，你就要学会放弃，因为你不可能什么东西都得到。""人生虽然很短，但只要你沉下心来，还是能做几件事情，关键是要学会放弃，在自己喜欢做、擅长做的事情上做到最狠、最大。"

不给自己设定什么目标

2012年2月，张宏调至中科院生物物理研究所工作。

"其中的原因非常简单——生物物理研究所当时具备深入研究自噬分子机制所需要的最好的实验支撑条件，包括超高分辨显微成像技术等。"他说。

在生物物理研究所期间，张宏课题组深入系统地阐释了基于线虫遗传筛选所鉴定的系列多细胞生物特有的新自噬基因和在多细胞生物自噬特有自噬步骤中的分子机制，开拓了多细胞生物自噬过程的新研究领域。

与此同时，张宏实验室还建立自噬基因敲除小鼠模型，揭示多个自噬新基因的功能缺失与神经退行性疾病的关系。近期人类遗传学分析表明，张宏实验室鉴定出来的多个自噬新基因的突变导致多种人类疾病的发生，这些基于线虫和小鼠模型的研究，对阐明相关人类疾病发生的机制，理解疾病的发病进程以及开展药物筛选有重要的意义。

与此同时，张宏也在不断探索新的研究方向。以往人们更熟悉由膜结构包裹的细胞器间的物质交流，对无膜包裹但结构稳定的细胞结构的形成和功能知之甚少。最近，张宏课题组发现蛋白质通过"相变"来调节其被自噬降解的效率，这一发现将"相变"理论引到了自噬过程，为研究自噬过程中各种蛋白质聚集体的"高维"结构和功能提供了一个新视点。他还期望，通过"相变"这个视角重新审视自噬与神经退行性疾病的关系。

其间，张宏以大会主席身份多次组织自噬国际会议，包括第七届国际自噬会议（ISA）、2018年Keystone自噬会议以及多届"中日细胞自噬研讨会"，推动了细胞自噬领域在我国的发展并提高了我国在该领域的国际影响力。

自己未来的目标是什么？

张宏爽朗地笑了："我没有具体的目标，也从来不给自己设定什么目标。我永远不会对自己满意，只要觉得前面还有未知的东西，我就会一直做下去——所以我觉得我会死在实验室。"

2012年3月完成初稿，2018年夏修改。

本文图片由张宏先生提供。

李文辉、隋建华：
只管前行 莫问成败

人物
小传

（赵永新 摄）

李文辉，男，汉族，1971年出生于甘肃省兰州市。北京生命科学研究所资深研究员。

1994年获得兰州大学医学院医学学士学位；1997年获得兰州生物制品研究所免疫学硕士学位；2001年，获得原中国协和医科大学（北京协和医学院）中国医学科学院病原生物学博士学位。2001年9月—2004年5月，在哈佛大学医学院从事博士后研究；2004年6月—2007年9月，任哈佛大学医学院讲师，从事研究工作；2007年10月回国加盟北京生命科学研究所，历任研究员、资深研究员。

李文辉的研究领域集中于重要病毒感染的分子机制及其防治。主要成果包括：发现非典病毒（SARS-CoV）的受体ACE2；发现乙型肝炎病毒（HBV）及丁型肝炎病毒（HDV）感染肝细胞的关键受体是钠离子–牛磺胆酸共转运蛋白（NTCP）。近年来主要致力于乙型肝炎病毒研究和相关药物开发。

隋建华，女，汉族，1972年出生于山东省寿光市。北京生命科学研究所研究员，生物制品中心主任。

1994年，兰州大学医学院临床医学学士；1997年，兰州大学医学院心血管内科学硕士；2000年，原中国协和医科大学中国医学科学院血液学研究所病理生理学博士；2000—2004年，哈佛大学医学院丹娜法伯癌症研究所从事博士后工作；2004—2011年，任哈佛大学医学院丹娜法伯癌症研究所讲师；2012年至今，任北京生命科学研究所研究员，生物制品中心主任。

隋建华的研究领域集中于重要感染性疾病、恶性肿瘤及自身免疫疾病相关的抗体药物研发。主要成果包括：发现了针对高度变异的流感病毒的广谱中和抗体及抗原表位。

2018年2月14日是农历腊月二十九，西方的情人节，我去北京生命科学研究所采访汤楠、邵峰两位老师，结束时已快下午5点。到李文辉老师的办公室时，他还在那里等我——昨晚我跟他约好，今天下午来看他。

"不好意思，让你久等了。"我抱歉地说。

"没事，我也刚收拾完。"他的实验室里只有两个学生，其余的都回家过春节了。他穿上羽绒服、拿起背包："走，咱们到建华办公室，她在等我们。"

建华即他的爱人隋建华，北生所生物制品中心主任。李文辉的主攻方向是乙型肝炎病毒感染机制，隋建华的专长是抗体工程。夫妇俩分别于2007年、2011

年回国，加盟北生所。在隋建华的协助下，经过5年的艰苦努力，李文辉团队于2012年11月在世界上首次发现了乙型肝炎病毒（HBV）和丁型肝炎病毒（HDV）进入人体细胞的关键受体——钠离子牛磺胆酸共转运蛋白（NTCP）。在此基础上，他们继续合作，开发治疗乙型肝炎的抗体药物。

隋建华的办公室在二楼，我们到那儿的时候，她正伏在办公桌前，在一个记事本上写着什么。

隋建华个子不高，齐耳的短发、单纯的微笑，使她看上去像个大学一年级的新生。见我们进去，她把记事本合上，笑着把我们让进办公室里侧一间兼作休息室的小会议室。会议室里侧靠墙，是一张大的黑沙发，沙发对面的墙上挂着一块小黑板，下面摆着两个小圆凳。

我和李老师坐沙发，隋老师拉了一张小圆凳，靠着墙坐在我俩对面。

"真是快啊，马上又一年了。"很是疲惫的隋老师不无感慨地说，"看我们过的什么日子啊，天天在实验室里瞎忙活。"

"隋老师可别这么说，你们可是在做开天辟地的大事。"我认真地说。

事实上也是如此。

看一看这组数字就知道了：据世界卫生组织（WHO）2016年7月的相关报道，当时中国约有9000万慢性乙型肝炎患者，其中2800万人需要治疗。慢性HBV感染是导致肝硬化、肝癌的重要病因；丁型肝炎病毒（HDV）是HBV的卫星病毒，在所有HBV感染者中，约有1500万人同时感染HDV。

李文辉和隋建华的开创性工作，是找到HBV和HDV感染人体细胞的关键受体，并以此为基础，开发治疗乙型肝炎的药物。

所里会全力支持你

2007年10月底，在美国哈佛大学医学院从事艾滋病和SARS冠状病毒研究的李文辉回国，到北生所另起炉灶：带领新招聘的助手和学生，做令许多同行望而却步的课题——寻找HBV受体。

原来，乙型肝炎病毒要想感染人类，必须先与细胞膜上的一个蛋白结合，然后才能进入宿主细胞——这个蛋白就是HBV受体。只有找到这个受体，才能深入了解乙型肝炎的感染机制，建立更好的体外和动物研究模型，进而开发出有效的治疗药物。

自乙型肝炎病毒被发现以来，全世界许多顶尖科学家都在苦苦寻找它的受体。但是，40多年过去了，科学家们都无功而返。

"我可以做相对容易、好发论文的课题，但我想找HBV的受体，因为这是这个研究领域最难也是最亟待解决的关键问题。"李文辉找到北生所所长王晓东征求意见，"虽然可能我们做不出来。"

之所以做这个决定，既缘于李文辉早年在国内医院实习时切身感受到的乙型肝炎患者的痛苦，也因为这项工作巨大而迫切的现实需要：我国每年因乙型肝炎及相关疾病死亡的人数在30万人左右（参考2016年7月世界卫生组织的相关报道），而目前已有的药物均不能根治乙型肝炎，患者必须终身服药。

李文辉知道，做HBV受体难度极大、风险极高，很可能劳而无功。但是，他对王晓东说："只要这个课题有价值、有意义，就不该怕困难和风险。"

"你都不怕失败，我还怕什么？"王晓东说，"所里会全力支持你！"

直径只有40纳米的"毒蘑菇"

课题选定之后，李文辉没有"直奔主题"，而是先带领学生们"打地基"：搜集、查阅国内外已发表过的相关论文，辨别真伪、分析方法、总结教训，寻找可能提供启示的蛛丝马迹……

"地基"打得差不多了之后，他们购买了两只树鼩，试着把这种外形酷似松鼠的类灵长类小动物养活。原来，不同于其他病毒，HBV不会感染小鼠、猴子等常用的实验动物，只感染人类、黑猩猩和树鼩——在现有条件下，树鼩是唯一的突破口。他们从树鼩的体内取出肝脏细胞，进行体外培养，李文辉等通过不断探索和努力，建立和优化了研究HBV的体外感染模型，团队也迈上了发现乙型肝炎病毒受体的旅程。

然而，等待他们的，是非同寻常的挑战。

乙型肝炎病毒几乎是世界上最小的病毒，直径只有40纳米（1纳米= 0.001微米）。在几万倍的电子显微镜下，负责乙型肝炎感染的病毒蛋白看上去像一个头大、柄短的毒蘑菇；它镶嵌在病毒包膜上，短柄前后4次跨过细胞膜——这一现象在病毒中非常特殊，很难用已有的实验体系进行研究。

无功而返

时间流逝，他们夜以继日，在不断探寻中摸索前进。

在高通量测序中心蔡涛博士的帮助下，他们建立了树鼩肝细胞的基因表达图谱；之后，再通过各种手段分析，寻找树鼩肝细胞里可能与HBV结合的相关蛋白。

左图1 ◄
2002年秋，李文辉、隋建
华在波士顿哈佛大学医学院
············
左图2 ◄
隋建华（赵永新 摄）

左图1 ◄
2018年夏，李文辉、隋
建华在北京生命科学研究
所（赵永新 摄）
············
左图2 ◄
李文辉（赵永新 摄）
············
左图3 ◄
2018年2月，李文辉、隋
建华在隋建华办公室合影
（赵永新 摄）

上图 ▲
研究团队的"全家福"，前排右一是李文辉，右三是严欢，后排左五是钟国才

上图 ▲
树鼩

他们兵分两路：一路由博士生严欢带队，用"鱼钩""钓"；另一路由博士后钟国才带队，用排除法"筛查"。结果，几个月过去了，两路兵马均无功而返。

"是不是这个受体根本就不存在？！"学生们陷入深深的困扰。

此时，时间已过去了整整4年，团队还没有发表一篇论文。作为领队，李文辉的压力无疑是最大的。但经验告诉他，他们可能已经到了黎明前最黑暗的时刻。

在一次讨论会上，李文辉对学生们说："这个受体是肯定存在的，只是它非常隐蔽，躲藏在很难察觉的地方——也许这个地方我们已经去过，只是没有发现目标。"

至于论文，他说："论文固然很重要，但比论文更重要的，是在研究过程中，自己的学术能力有没有提高。我想同学们毕业时最重要的收获，是你在这个过程中到底学到了什么东西。只要自己的能力提高了，即使这次没有成功，今后肯定会有成功的机会。归根到底，做出发现比发表论文更为重要。"

他鼓励学生们："我们既然已经走了这么远，为什么不走得更远些？"

"小金鱼"现身

于是，大家又重新鼓起勇气，继续向前摸索。

关键时刻，李文辉的爱人、此前也在美国哈佛大学医学院从事病毒和抗体药物研发的隋建华加盟北生所。在她的帮助下，团队对"渔具"进行了改进：设计了一个单克隆抗体位点加在"鱼钩"上，便于定向追踪和捕捉；同时，严欢在原来的"鱼钩"上加一个"倒钩"，防止狡猾的"小金鱼"逃脱。经过改造后，"渔具"不但上了"双保险"，而且增加了高灵敏的"跟踪仪"。

利用改进后的方法及"渔具"，李文辉带领学生继续"钓鱼"。

目标终于出现了——

2012年1月7日午夜过后，在蛋白质组中心主任陈涉的帮助下，通过质谱鉴定，景致毅在多条外形很相似的"鱼"中找出了可能的"小金鱼"；

1月11日凌晨，初次验证结果表明，这条"小金鱼"——钠离子牛磺胆酸共转运蛋白（又称"肝脏胆酸转运蛋白"，NTCP），很可能就是他们寻找了多年的HBV受体！

铁证如山

但是，这只是初步的结果，还需要进一步的可靠验证。此时已近年关，严欢、钟国才、徐广伟等几位同学放弃回家过年，与李文辉、隋建华一起，继续加班加点。

2012年1月27日是农历大年初五。这天晚上，李文辉走后，严欢继续留在实验室工作。凌晨2点多，他得到了一个关键结果：把受体导入原来不能被丁型肝炎病毒感染的肝癌细胞，结果实现了感染！

兴奋不已的他立刻给李文辉打了个电话："铁证如山，就是它了！"

李文辉没有严欢想象的那么激动："应该没错。早点睡吧，明天还要继续。"

他知道，这类验证必须要做两个：一个是功能获得验证，另一个是功能丧失验证。严欢做的这次丁型肝炎病毒验证，只是功能获得实验的一部分，后面还有很多事情要做。

他们又继续进行乙型肝炎病毒的功能获得验证。这一步难度更大，但它是证明NTCP是乙型肝炎病毒受体的关键证据。他们尝试了多个方案，直到2012年3月中旬，通过改进细胞培养基的成分和培养方法，钟国才和严欢先后成功确定了乙型肝炎病毒在原本不能感染的肝癌细胞上的感染。

同时，钟国才还和徐广伟等人花了几周时间，分别完成了在人类肝细胞上受体的功能丧失验证。

至此，他们分别从充分性和必要性两个方面，验证了NTCP就是乙型肝炎病毒和丁型肝炎病毒特异性感染人类肝细胞的受体。

此后，团队又夜以继日做了大量的实验，补充了许多新的数据，让结果更加可靠。

2012年11月13日，文章终于在科学期刊*Elife*在线发表——这是李文辉实验室成立5年多来发表的第一篇关于乙型肝炎的论文。

苦中苦之后的甜

大家的喜悦可想而知。正如隋建华所说："与那些可以轻松得到的幸福相比，科学发现所带来的快乐是无可比拟的，因为那是苦中苦之后的甜。"

该成果赢得了国际同行的高度认可。

"这篇文章有力证明了NTCP是HBV和HDV的受体。"*Elife*杂志的三位国际评审专家如此评论："长期以来，人们一直在寻找HBV受体，NTCP的发现是该领域的一项巨大进步，对于病毒性肝炎的基础与临床研究都将产生深远的影响。"

法国国立输血研究所资深肝炎分子病毒学家卡米尔·苏锐博士评价说："你们的研究成果是HBV研究领域里非常重要的突破，它解决了一个多年来困扰我们大家的难题。"

"我曾以为我们能够第一个发表这项研究成果，但是事实上你们赢得了这场赛跑。我们对此并不嫉妒，而是衷心地祝贺——我们都将受益于此，尤其是那些患者。"HBV感染研究领域国际专家、德国海德堡大学史蒂芬·伍本教授在电子邮件中说："这一突出成果对HBV研究领域的影响不可低估，它将改变HBV领域内现行的研究模式，将可能帮助乙型肝炎治疗新药的发现而为乙型肝炎患者造福。"

乙型肝炎病毒是美国已故科学家巴鲁克·布隆伯格在20世纪70年代发现的；以他的名字命名的研究所，是目前全球顶尖的乙型肝炎研究机构。

2016年6月，李文辉应邀到该研究所做交流讲座。讲完之后，巴鲁克·布隆伯格当年的助手、白发苍苍的汤姆·伦敦走到李文辉身边，紧紧握住他的手说："真的很高兴，你讲了40多年来我们一直想知道的事。"

再接再厉

"找到HBV受体，等于打开了一扇门。"李文辉说："其实门打开以后，新的问题更多，所有重要的科学发现在这一点上是相通的。继续前进，去挑战新的未知前沿，我们责无旁贷。我们将继续全力以赴往下做，直到最终解决实际问题。"

李文辉和隋建华团队分工协作、再接再厉：前者继续在基础研究上深挖，后者则聚焦抗体药物开发。

"钟国才和严欢毕业后，新来的学生也非常用心，相当有拼劲儿。我告诉他们晚上12点以后不许在实验室干活，但是他们还是悄悄继续做。我们选择了重点方向，虽然大家并不熟悉，但都在全力以赴。"李文辉很是欣慰，"我们的工作到目前还是领先的。一方面，我们建立了更为优化的细胞和动物模型，现在全球的同行都在使用这一工具；同时，我们对病毒慢性感染建立的分子基础等有了更多了解，受体与病毒感染及肝癌等严重疾病的可能联系也日渐清晰，很多新发现非常有意思。"

北京市科学技术委员会对他们的工作高度重视，专门拨款予以支持，乙型肝炎病毒的抗体药物开发进展得比较顺利。"这个抗体把受体和细胞之间的通道打断，从而阻断病毒进入新的宿主细胞，打破旧的循环，建立新的生态。"隋建华说，"抗体的实验阶段已在2014年做完，现在正在推进临床前研究。从目前来看，结果比较理想，上下游的生产工艺也基本过关，力争尽早申请开展临床试验。"

万里长征

经过6年的艰苦努力，李文辉和隋建华终于迎来了新的里程碑：2018年6月14日，国家药品监督管理局药品审评中心受理了他们开发的乙型肝炎单克隆抗体新药HH003的临床研究申请。

"我们想在临床研究中测试它，单独或和已有抑制病毒复制的药物联合使用，看是否能为患者提供更有效的治疗手段。"隋建华坦诚地说，"当然，因为这个药物是真正的'First-in-Class'(全球新药)，临床研究中间会发生什么，我们也不知道——所以，最后能不能成功，都很难说。"

"应该没什么问题吧？"我对这个判断多少有些失望——从寻找HBV受体到完成临床前研究，他们已经做了整整12年！

"问题还是蛮多的。"李文辉摸摸脑袋，笑着说，"这个临床研究是全球第一个，没有什么经验可以借鉴——连临床标准都没有，真的是无人区。"

"如果一切顺利，临床研究大概在2018年9月份开始。但最后能不能成，谁也说不好，只有到三期临床的最后一步才能确认。"隋建华说，"我们所能做的，是尽己所能，一步一步往前走。"

"做完临床一期，就能判断'成还是不成'吧？"

"可不能这么说！"李文辉说了一件事：知名药企默沙东开发的一款治疗阿尔茨海默病的新药，临床三期已经做了一大半，前后花了数十亿美元。但是，就在2018年2月中旬，默沙东对外宣布：停止该药的临床研究。

听完这个，我既震惊又失望。

看着我脸上的表情，隋建华笑着说："好的开端是成功的一半，我们的科学基础还是不错的。只要大方向没错、选的路子对，就会有到达终点的那一天吧。"

2016年5月完成初稿，2018年夏修改。

本文除了注明摄影者的图片，其余均由李文辉、隋建华提供。

邵峰：
科学的天很高

邵峰，男，汉族，1972年出生于江苏省淮安市。生物化学家，中科院院士，北京生命科学研究所学术副所长，资深研究员。

1996年毕业于北京大学技术物理系应用化学专业；1999年获得中科院生物物理研究所硕士学位；2003年获得美国密歇根大学医学院博士学位，之后进入加州大学圣迭戈分校医学院进行博士后研究工作；2004年进入哈佛大学医学院进行博士后研究；2005年回国后进入北京生命科学研究所工作，先后担任研究员、高级研究员、资深研究员。

邵峰主要从事病原菌和宿主相互作用的机理研究，在病原菌毒力机制和抗细菌天然免疫领域取得系列重要原创性发现。

获得的主要荣誉有：鄂文·西格青年科学家奖、中国细胞生物学学会杰出成就奖。

　　早在2010年底在北京生命科学研究所采访时，我就认识了邵峰，之后和他多次接触。他给我的突出印象是：冷峻得让人敬而远之，严谨得让人觉得啰唆，深刻到让你无语。

　　他说的那句话，至今刻在我脑海里：科学家的心思一旦离开实验室，就很难再回来了。

　　2015年12月初，两年一度的两院院士增选结果公布，43岁的北京生命科学研究所研究员邵峰，成为最年轻的"新科院士"，也是当时1600多名院士中最年轻的一位。

　　邵峰的实验室在北生所试验楼的三楼，推门进去，映入眼帘的，左侧是拥挤的学生办公室，右侧是摆满瓶瓶罐罐的生物化学实验室；最里侧的4平方米左右的小房间，就是邵峰的办公室。

　　听到"恭喜您当选院士"的祝贺，邵峰淡淡地说："当选院士我不觉得有任何变化，该做什么还做什么。"

　　他的生活节奏还跟以前一样：上午8点到实验室，晚上8点离开；回家后陪孩子玩一会儿，等他们睡觉了再看看文章、写写东西，晚上12点左右休息。

　　"科学的天很高，我想我们这一代科学家应该有更高的追求。"邵峰说，在科学的海洋中，自己的团队不应当是昙花一现，而是能不断做出里程碑式的工作，持续领跑国际前沿。

你是不是疯了

　　"当初我决定要回国的时候，许多朋友说我是不是疯了？"2005年，也就是北生所成立后的第二年，受王晓东所长的"蛊惑"，在哈佛大学医学院做完博士后研究的邵峰回到北京，加盟北生所，成为这块"科技体制改革试验田"的首批研究员。此前在美国求学、工作期间，他已在《细胞》和《科学》上各发表1篇论文。

自回国到2018年年底，他以通讯作者身份在《自然》《科学》《细胞》三大国际顶级学术期刊上发表论文13篇，研究成果多次被权威专家和学术杂志重点评述，累计被同行引用8000多次。

说到自己的研究领域，邵峰说："我们主要研究病原细菌感染和宿主天然免疫防御的分子机制，也就是细菌入侵与人体免疫系统反入侵的'战争'。"

回国初期，他聚焦于细菌的"入侵"——细菌如何感染和破坏宿主防御。他的实验室先后在《科学》上发表过2篇文章，报道了2种全新的病原菌入侵机制，引起国际同行的密切关注。

从"房子外"到"房子内"

就在细菌入侵研究顺风顺水之际，邵峰在2007年做出了一个大胆的决定：调整研究方向，转向人体的"反侵略战争"，探讨人体免疫系统抵御细菌的分子机制。

对于做科学的人来说，从一个驾轻就熟的老地盘转到另一个完全陌生的新战场，是一个相当大的挑战。邵峰的想法是：天然免疫研究更有助于解决现实的医学临床问题。

"天然免疫的第一步，是细胞内的蛋白分子去感知细菌并抓住它们，我们称这个蛋白为受体。"邵峰说，此前国际同行在细胞膜上发现了这样的受体，并凭借这一成果于2011年荣获诺贝尔生理学或医学奖。

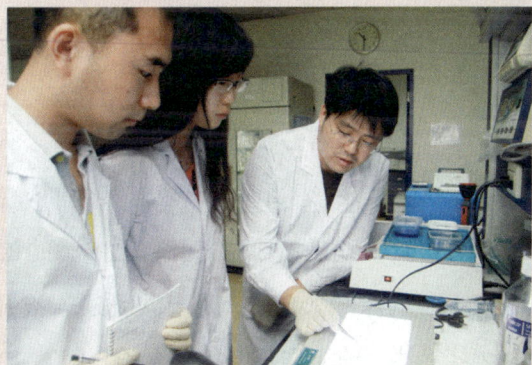

"我看到这篇论文的时候就想，除了细胞膜，细胞里面一定也有其他的受体。"他解释说，如果把细胞比作一间房子，细菌就是入侵的坏人，细胞膜上的免疫受体就是门口的保安——坏人如果不经过门口、悄悄穿墙而入，保安就形同虚设。"我们觉得，房子里的战争肯定更加激烈，应该找到房子里的保安。"

就在其他国际同行在细胞膜受体这个大热门上扎堆时，邵峰实验室把目光聚焦于细胞内的受体研究，并屡有斩获：2011年，他们找到了细胞内的第一个受体分子——识别细菌鞭毛素蛋白；2014年，他们又发现了两个新的受体——针对内毒素和另一类细菌外毒素的感知蛋白；2015年，他们又发现了这些受体下游促使细胞炎性坏死（细胞焦亡）的关键蛋白质，为败血症临床治疗开辟了新的通道。

"其实那几年我们承受着巨大的压力。"邵峰说，他们对免疫系统的研究始自2007年，直到2011年才开始出成果。"当初我很担心学生们没有信心，撑不下去。"

"我想当时应该也有其他同行意识到细胞内受体的存在，但大部分人还是不愿意离开自己熟悉的领域去冒风险。"邵峰说，其实研究就像开采金矿，你要找到还未被开采的新矿，并义无反顾地深挖下去，直到能不断挖出金子。

只要感兴趣就去做

除了陪陪家人、打打乒乓球，邵峰没有更多的业余生活。"在很多人看来，我们的生活既枯燥又乏味，但我自己很喜欢。工作虽然辛苦，但自己并不觉得累——辛苦和累有本质的差别。"

辛苦而不觉得累，原因何在？答案是：兴趣。

邵峰非常感念自己的博士生导师杰克·狄克逊。"他从来不会问：这个研究有什么实用价值。你做什么、做错什么都没关系，他都不会批评你。他常跟我说的话就是：你只要感兴趣就去做。"

"从导师那里我领悟到：做研究的动力就是兴趣。"邵峰说，"这一点非常重要。如果功利心太强，把研究当成一种手段，很难有大的成就。"

他举例说：中国对天文的观察比西方人早得多，而且记录也很详细，但却没有产生真正意义上的天文学。"因为中国古代的天文观察主要是为了占卜、预判吉凶——纯粹的功利驱使，从来不去分析现象背后的规律。"

对于发文章，邵峰看得很淡。"其实激动人心的时候只有两个：一个是自己的想法得到实验证实，另一个是实验结果超出所有人的意料。"他说，除了学术交流，发文章更多的是一种职业需求：为了自己的生存和学生毕业。

"在北生所，我的同事做研究从来不是为了发文章，或者追求评奖、当院士，追求科研上的卓越是大家共同的目标。"在邵峰看来，"卓越"就是做别人做不到的、发现别人没发现的，填补重要的科学空白，在国际学术界作出比较重大的贡献。这，既应该是科学家的自我要求，也是时代和国家对科研人员的要求。

招学生比较挑剔

学生，是邵峰引以为荣的另一"重大成果"。"我一年一般只招两个学生，有合适人选的话也会招一名博士后。从2005年到现在，从这个实验室走出去的博士、博士后，都取得了不错的成绩。"他介绍说，绝大多数的博士生在学习期间以第一作者身份在顶级国际期刊上发表过文章，毕业后绝大部分到国内、国外的一流高校、研究所深造，目前已经有好几位在学术界崭露头角。

"我招学生比较挑剔，最主要的标准是看他是不是做科研的'料'。"邵峰说，"我更倾向于刻苦踏实、绝不轻言放弃的学生。"除了扎实的知识基础、灵活的研究思路，邵峰更看重学生面对"实验失败"常态的抗压能力。

"学生是来跟我学习的，我招他们进来就要确保他们顺利成长、学会如何做研究。"邵峰说，自建立独立实验室至今，他从没有"助教"，一直自己带学生。"我办公室的门从来不关，学生可以随时进来，一起讨论问题。"

在实验室里，除了赶写文章，邵峰就和学生一起做研究，指导他们设计实验，解决实验中遇到的问题，分析实验结果。每逢周一下午，他都会安排一个学生做工作总结报告。他还让十几个学生和博士后分成两组，分别在周二、周三上午与他坐在一起开半天的学术分享会，每个人都要把原始实验数据拿出来给大家看，谈谈自己做了什么、有什么新发现，或者碰到了什么问题。然后，大家一起讨论，各抒己见。每周五下午，实验室会花半天时间讨论别人的文章。这期间，邵峰还会针对个别的实验单独开会，回答学生遇到的问题，讨论实验接下去该怎么做。

李鹏是在2011年加入实验室的。在她的印象中，邵峰和学生们都是"同吃同做同讨论"——内毒素受体的发现思路，就是他和学生在食堂吃饭时"聊"出来的。

"实验失败是家常便饭，邵老师从不批评我们，而是给我们中肯的修改意见，鼓励大家发散思维，尝试从另外的角度继续做实验。"

李鹏说，邵峰平时不苟言笑，其实脾气很温和，有时也会和学生们开玩笑。"他唯一发脾气的时候，就是看到我们的实验仪器摆放得不规整、实验习惯不好，因为这会直接影响实验结果。"

"这几年实验室取得了一批很好的成果，邵老师也只是淡淡地说：请大家不要留恋已有的东西，要经常清零、往前看。"李鹏说。

中国有义务为人类文明出一份力

在邵峰看来，科学研究最有吸引力的地方，在于不断发现新的东西，一点点接近生命的真相。

"当选院士后，我的家人比我更高兴。"邵峰笑着说，到北生所工作10多年了，自己最多能在周末抽出半天时间陪陪家人。

"对我来说，评上院士只是同行对我以往工作的认可，仅此而已。"邵峰补充道，当然，院士头衔也给他带来"额外"的工作，比如参加项目评审等。"我会努力找到平衡的办法，尽量把更多时间花在科研上；如果不是'非我不可'的活动，就尽量不去。"

作为年龄最小的院士，他觉得自己有义务为年轻科研人员做个榜样，把荣誉看淡些。"我希望更多同行明白，踏实做学问就好，其他一切只是副产品。"

"与前辈科学家相比，'70后'科研人员接受了良好的科研训练，也拥有比较丰富的研究资源，不应该只满足于拿个奖、评个优，而要力争在国际学术舞台上成为领跑者，引领所在的领域和学科发展。"在邵峰看来，虽然这几年国内的生物研究进展很快，但能持续领先、真正称得上国际主流实验室的，还非常少。"我们或许有很好的论文和成果，但绝大多数是零散的、补充性的个别亮点工作；能够自成一体、自创一派的还不多，更谈不上引领学科发展。"

虽然已在国际舞台上有了不小的名气，但邵峰还有很高的期望，"不仅仅有亮点，更要有里程碑式的进展，持续领跑。比如说，5年、10年之后，这个领域有10个、20个里程碑式的进展，是不是有1/3完全是你做的，另外1/3是你的工作带动的？"

让邵峰担忧的是，目前国内的"诱惑"太多：院士、长江学者、杰出青年等五花八门的"帽子"，以及院长、校长等官衔。这些"光环"让许多青年科研人员迷失了方向，甚至浪费了宝贵的学术生命。

他不无忧虑地说："科学家的心思一旦离开实验室，就很难再回来了。"

"从小学到大学，我们用的自然科学教材，讲授的几乎全是西方的研究成果。"说到这里，邵峰略显激动，"科学探索是人类文明重要的组成部分，中国作为一个文明古国、人口大国，有义务而且也需要为人类文明出一份力。"

"我很庆幸自己回国后选择了北生所，在这里大家能够在安静的科研环境里做自己喜欢的事情。"邵峰说，今后，他的实验室将两路并进：一是继续寻找更多新的重要蛋白分子，不断揭开细菌感染和人体免疫的生命奥秘；二是筛选化合物小分子，争取在治疗败血症等重大疾病的药物研发上有所突破。

2015年年底完成初稿，2018年夏修改。

本文除了注明摄影者的图片，其余均由邵峰先生提供。

罗敏敏：
研究神经学的"神人"

人物
小传

（赵永新 摄）

罗敏敏，男，汉族，1973年出生于江西省上高县。神经生物学家，北京生命科学研究所资深研究员，清华大学生命科学学院教授，北京脑科学与类脑研究中心联合主任。

1995年，北京大学心理学学士；1997年，美国宾夕法尼亚大学计算机科学硕士；2000年，美国宾夕法尼亚大学神经学博士；2000—2004年，于杜克大学神经生物学系做博士后研究；2004—2005年，中科院神经科学研究所研究员；2005年至今，先后任北京生命科学研究所研究员、高级研究员、资深研究员。

罗敏敏实验室以转基因小鼠为模型，研究哺乳动物处理奖赏与惩罚的神经环路机制，特别是中缝背核及内侧缰核两个脑区及相连的神经环路的作用。同时，他们也利用全基因组筛选、全细胞膜片钳、光学成像等手段，探索不同药物及细胞信号转导途径在奖赏与惩罚行为中的作用及分子细胞机制。

获得的主要荣誉有：张香桐青年神经科学家奖（首届）、中国青年科技奖、药明康德生命化学研究奖、吴阶平-保罗·杨森医学药学奖、谈家桢生命科学创新奖等。

～～～～～～～～～～～

同人工智能一样，脑科学无疑是当今全球科技领域的大热门。2018年3月22日，北京脑科学与类脑研究中心（简称"北京脑科学中心"）在位于北京市昌平区的北京中关村生命科学园宣告成立。立志建成世界一流脑科学研究机构的北京脑科学中心，由北京市政府和中科院、中国人民解放军军事科学院、北京大学、清华大学、北京师范大学、中国医学科学院、中国中医科学院8家单位共建，它有两位联合主任：一位是大名鼎鼎的北京大学理学部主任饶毅，一位是不怎么知名的北京生命科学研究所资深研究员罗敏敏。

个头中等、皮肤黝黑、头发稀短的罗敏敏喜欢穿牛仔裤，说起话来语速很快，不时发出爽朗的笑声。

尽管公众对他比较陌生，但他在业内影响力却挺大：在顶级神经科学期刊《神经元》的编委会中，罗敏敏是唯一在中国成长的神经科学家。同时，他也是迄今为止唯一被邀请在美国神经科学年会做大会报告的中国科学家。

除了科研做得好，他还擅长摆弄计算机、研发科研仪器——帮助他实验成功的好几种精巧灵敏的"神器"，就是他带着学生设计、研制的。

难怪北生所所长王晓东开玩笑说：罗敏敏是所里的"神人"。

科研的每一天都很快乐

1991年，罗敏敏拿到了北京大学的录取通知书，但他却有些发蒙："我本想报考理论物理专业，怎么被调剂到心理学了呢？"

罗敏敏出生于江西省上高县的一个农村家庭，中学时代是年级的尖子生，每次县里有理科竞赛都会让他去，而每次他都会拿奖。所以，高考的时候选了物理专业。专业调剂令他一时感到失落，但他很快喜欢上了这个专业。得益于北京大学自由的选课制度，他还选修了生物系、计算机系、电子系和物理系的课程。这种跨学科式的探索，延续到了他未来的专业选择上。从北京大学毕业后，他赴美国宾夕法尼亚大学，先后攻读了计算机科学硕士和神经学博士学位。

"罗老师是跨学科型的人才，这一点很少见。"北生所所长王晓东如此评价。但在罗敏敏看来，一切不过是兴趣使然。对未知科学领域的好奇心，是他广泛学习的最大动力。

博士毕业后，罗敏敏在杜克大学做了四年博士后，导师拉里·凯兹带给他的影响极为深刻。"他是一个真正的科学家，对科学有狂热的兴趣，不受世俗约束。"罗敏敏说："他让我看到，对科学的热爱能够支撑一个科研工作者过上非常快乐的生活。"

令罗敏敏印象颇深的是，导师常常自称在科研工作中，预判的正确率只有10%。

"正视探索过程的艰难，坦然接受失败，是一个科学家必须具备的心理素质。所以我现在试图让自己每天都保持快乐的状态。我有个课题做了十年，猜了一百多次结果，最后都被证明猜错了。"罗敏敏哈哈一笑："但这大概也是做科学最美妙的地方：你不知道会发生什么事情。一年之中总会有些天，你看到了你没有预期到的结果，就会感觉非常嗨。"

在罗敏敏看来，保持乐观也有实际的意义在里头。"我自己意识到的一点是，学生可以从老师的表现上得到很多。如果你因为实验的结果和你的猜想不一样而大发脾气，学生就会想：我如果做出来不是这样，老师生气了怎么办？这样会造成风险——学生们会迎合你，有意地去做一些结果。"

我只尊重科学事实

迄今为止，罗敏敏已在《科学》《细胞》《神经元》等国际顶级期刊上发表学术论文50余篇，取得多项重要突破：首次发现了哺乳动物嗅觉系统专门检测二氧化碳的细胞；阐释了中脑多巴胺神经元上的C型鸟苷酸环化酶受体在注意力缺陷和多动综合征中的重要作用；等等。

他自己最满意的研究成果，是提出了"5-羟色胺为编码奖赏"这一革命性的结论。

在过去的近30年中，整个神经科学领域都把多巴胺和奖励当作同义词。在罗敏敏看来，这种说法并不全面。通过实验，他发现大脑内有个平行的奖励系统，即5-羟色胺系统。多巴胺主要和动机有关，而5-羟色胺主要和奖励的评估有关。一个完全被预期的奖励可以激活5-羟色胺，使人产生快感。因此，对5-羟色胺系统的补充认识，可以更好地解释人类的诸多行为。

下图1 ▼
工作中的罗敏敏（赵永新 摄）
··············
下图2 ▼
2017年8月，罗敏敏在实验室（赵永新 摄）
··············
下图3 ▼
北京脑科学与类脑研究中心的两位联合主任：饶毅（右）、
罗敏敏（左）

下图1 ▼
2018年1月，罗敏敏实验室发表在《神经元》封面的文章《捕
食和逃跑的下丘脑神经环路》
··············
下图2 ▼
女儿笔下的罗敏敏

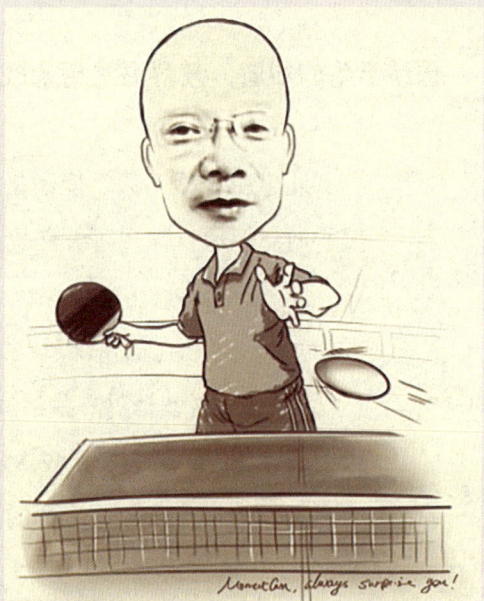

但这一课题也面临一个问题：在神经科学领域，过去大家一致认为5-羟色胺是编码惩罚的。"我们是在冲击一个主流观点，已经争论了五六年。"罗敏敏说，他们重复了主流观点所依据的动物实验，得出的结论却完全相反。

"有些人问我，你这样做是不是为了追求和别人不一样？其实我只是在诚实地对待数据。数据是这样，我的观点就是这样。如果和主流不一样，我们也要坚持不一样。我不会为了迎合领域内权威去改变我的说法，也不会为了博眼球而标新立异。"罗敏敏说。

尊重科学事实，是罗敏敏对自己的要求，也是他竭力在自己的实验室营造的一种氛围。当学生的实验结论不符合他的预期，他绝不会表现出一丁点儿负面情绪，而是鼓励他们实事求是。他担心学生们会为了迎合他而刻意得出一些特定的结果，反而违背了科学原则。

"事实上，所有的科学理论都有错误的成分，只存在相对的正确。"罗敏敏说："所以，一定要能够承认自己是错的，更重要的是知道自己在什么情况下是错的，找出这个边界来，这是对科学的尊重。"

想让学生们知道，教科书是用来改变的

北生所在昌平区，罗敏敏每次去清华大学上课，都要开车一个多小时。但他自称"超级喜欢讲课，喜欢和学生交流的感觉"。在清华，罗敏敏给本科生上大课，一对一交流的机会不多。但他希望传授前沿知识，用自己的讲课风格影响学生。

"我的风格就是讲一些最新的东西、批判性的东西。有些本科生可能不太适应，他们希望我告诉他们什么是对的，但我会告诉他们什么是不对的，什么是不清楚的。"罗敏敏说，他想让学生们知道，教

科书是用来改变的。认清现有的限制，才有可能去突破它们。他希望听过他讲课的众多学生中能有人在未来把这些问题解决掉。

而当他回到北生所、推开实验室的门，常常会感受到一股活泼、跃动的空气。他笑着问学生们："你们真的在干活吗？怎么一个个看上去这么开心？"

学生们也笑着回答："因为做实验确实太愉快了。"

正在读博士的林睿在2012年来到罗敏敏的实验室，他认为学生们的"开心"源于极高的自由度。国内大多数实验室都是导师安排任务，学生们执行。但在这里，大家可以选择自己想做的问题，通常都会得到罗老师的认可。

当然，自由不代表放任。在林睿眼中，罗老师最可爱的地方，在于他长年站在实验一线。"他特别喜欢自己动手做实验，甚至自己发明实验仪器。"林睿说，实验室里有一个可以戴在老鼠头上的显微镜，重量仅2.8克，就是罗老师带着大家自主发明的成果。"其他老师只听学生汇报成果，但他会跟着我们，关注实验的过程。"

2009年来到实验室的张举恩正在做博士后，罗敏敏留给他最深刻的印象，是可亲、随和。"他一日三餐几乎都和学生一起吃，在饭桌上就能和他交流各种问题。"张举恩说。找其他老师一般都需要提前预约时间，在办公室里正式讨论。罗老师给学生们的感觉更像是朋友。

可是在罗敏敏眼中，自己做得总还不够好。"我总觉得自己花在每一个学生身上的时间还不够。有时候忙起来，就不能静下心来，跟着他们把整个过程都看一遍。"他说。

努力做一个好老师，是为了整个团队能把科研做好，也是为了吸引更多优秀的学生投身科研。罗敏敏认为，科研永远需要最聪明的人来做，但现在最优秀的学生往往选择去读商科，这是国内科研的遗憾。

"我们作为老师，应该为学生创设更好的环境，找出更多的工作出路，从而吸引更多好学生加入科研队伍。"罗敏敏说："也希望学生们能看到，科研是快乐的，科学会为一个人带来美好人生。"

转换方向

2018年夏末秋初，我去北生所采访，在大门口外瞥见一个穿短裤的人，侧影看上去很像罗敏敏。走上前一看，果然是他。小半年没见，罗敏敏的脸色似乎白了许多。

"你们的脑科学中心运行得怎样？"

"还可以。"他告诉我，北京脑科学中心购买了一批实验设备，建起4个实验室，下一步的主要工作是面向全球招聘实验室主任。

"您自己的研究进展如何？"

"我转向了。"他笑哈哈地告诉我。

"转向？往哪个方面转？"

"转化医学啊！"他说，基于这些年的基础研究成果，他们准备重点开发治疗神经系统疾病的新药。"比如抑郁、精神分裂、药物成瘾等，目前这些疾病还没有理想的药物。"

近些年来，随着世界快速进入老龄社会，全球范围内的神经系统疾病呈高发趋势，无论是抑郁、失眠，还是阿尔茨海默病、帕金森病等。但是，在新药开发中，包括跨国公司在内的大制药公司都对这类疾病敬而远之，因为相关的科学机理很不清楚，开发新药的风险非常高，真正是"九死一生"。

"您对转向的成功率把握大吗?"

"当然不能说大,因为开发这类药物的确是太难了。"罗敏敏笑着说,"但总得有人去尝试吧,不试怎么能知道成不成呢?"

2017年6月完成初稿,2018年夏修改。

本文除了注明摄影者的图片,其余均由罗敏敏先生提供。

颜宁：
不像科学家的科学家

（赵永新 摄）

颜宁，女，汉族，1977年出生于山东省莱芜市。结构生物学家，原清华大学医学院教授、博士生导师，现为美国普林斯顿大学雪莉·蒂尔曼终身讲席教授，美国科学院外籍院士。任微信公众号"返朴"主编、中国科普作家协会副理事长。

1996—2000年清华大学生物科学与技术系学习，获学士学位；2000—2004年美国普林斯顿大学分子生物学系学习，获博士学位；2005—2007年，美国普林斯顿大学分子生物学系，从事博士后研究；2007—2017年5月，清华大学医学院教授、博士生导师；2017年9月至今，美国普林斯顿大学雪莉·蒂尔曼终身讲席教授。

颜宁的研究领域为膜蛋白结构解析及其工作机制。迄今为止，已在《细胞》《自然》《科学》三大科学期刊发表论文多篇，在世界上首次解析了人源葡萄糖转运蛋白GLUT1、GLUT3结合底物和抑制剂，以及电压门控钠离子通道、最大钙离子通道RyR1及其受体RyR2的（超）高分辨率结构，为理解它们的作用机制和相关疾病致病机理奠定了基础。

获得的主要荣誉有：霍华德·休斯医学研究所国际青年科学家奖、中国青年女科学家奖、国际蛋白质学会"青年科学家奖"、赛克勒国际生物物理奖、2016—2017年度"影响世界华人大奖"提名等。

~~~~~~~~~~~~~~~~~~~~~~

颜宁彻底颠覆了我此前对科学家的认知。

颠覆的武器，不是别的，是她的率真，或者说随性。嘻嘻哈哈不说，居然还和学生玩"三国杀"。

因此，我写稿时特别犯愁：这人一点儿不像个科学家——可怎么写啊！

穿着随意、说话随心、做事随性，洒脱率真、活泼快乐的颜宁，很难让人把她与"清华大学教授""国际青年科学家"这些字眼联系到一起。

2007年7月，不满30岁的她从美国普林斯顿大学回国，被聘为清华大学最年轻的教授、博士生导师；2012年1月24日，她从全球的760名申请者中脱颖而出，成为荣获"霍华德·休斯医学研究所首届国际青年科学家奖"的28名青年才俊之一。

"论才智我肯定不是最好的。"颜宁坦言，"我觉得搞科研最重要的还是专心，也就是要能'宅'，这个'宅'真的很重要。"

"当然啦，前提是你要喜欢。"她嘿嘿一笑，"反正我很享受这种自由自在的生活。"

阴差阳错

　　走上科学之路，对颜宁来说多少有点阴差阳错：上高中时文理兼有的她更喜欢文科，文理分班时自己选了文科。但她的班主任认为，成绩全年级第一的学生当然要学"数理化"，否则就屈才了，她因此改文从理。

　　高考填志愿时，颜宁"中和"了父母的想法：母亲非常希望她学医，但她害怕解剖；父亲听说"21世纪是生命科学的世纪"，就建议她去学生物。"我当时想，生物与医学挺近的，为了让爸妈都开心一下，于是就报了清华生物系。"

　　在清华，她度过了最为丰富多彩的4年：担任过生物系学生会主席，组织了许多课外活动，比如学国标舞、打乒乓球、学游泳、学摄影……忙得不亦乐乎。

普林真是太美了

　　决定颜宁人生道路的，是从2000年8月起在美国普林斯顿的7年留学生涯。

　　"普林真是太美了！"说到普林斯顿，颜宁眼里直放光，"普林保留了大片的原始森林和天然湖，我住在一座被森林包围的哥特式建筑里，傍晚的时候从七楼望出去，周围是红色、金色、紫色的树，夕阳下的湖面波光闪闪，成群的野鸭在暮色中飞翔，真是'秋水共长天一色，落霞与孤鹜齐飞'的美景，看得人热泪盈眶！"

除了自然之美，颜宁在这里更领略了科学之美。"给我们上课的大都是成就卓著的老科学家，经典论文甚至课本里的很多东西就是他们亲自做出来的。他们能把每个科学发现讲得像历史故事一样引人入胜，会让你觉得：哇！原来做生物这么好玩，这么有意思！"

让颜宁难以忘怀的，还有普林斯顿的一对教授夫妇：埃里克·威萧斯和夫人翠迪·舒巴赫。他们都是美国国家科学院院士，埃里克还是1995年的诺贝尔奖获得者。"我是个夜猫子，一般工作到凌晨两三点。晚上11点了，我还经常看见他们夫妇在各自的实验室观察显微镜下的果蝇，那种淡定从容、简单执着让人感动。我觉得自己将来就是要这个样子，很简单地做自己喜欢的研究。"

一年之后，颜宁到施一公的实验室做博士、博士后，先是从事抗肿瘤方面的研究，2005年后转型到膜蛋白。"一公常常说：'不要整天想着柴米油盐，只要你把现在努力做到最好，未来的路就会越走越宽，根本不用为找工作发愁。'实验上遇到苦恼，和一公谈过之后，我就觉得自己好像很行，肯定能成功。"

在施一公的指导下，颜宁做得顺风顺水。2004年12月，她分子生物学博士毕业，并获得2005年度《科学》杂志和通用电气医疗颁发的北美地区"青年科学家奖"；2006年10月，她带两个师弟师妹仅用一年多的时间，就做出了实验室的第一个膜蛋白结构。

回到清华

2007年7月，受时任清华大学医学院常务副院长的赵南明教授之邀，结束博士后研究的颜宁回到母校，建立了自己的实验室，带领几名刚毕业的本科生，向膜蛋白这个充满挑战的前沿领域进发。

下图1 ▼
颜宁在普林斯顿获得硕士学位后留影
··········
下图2 ▼
2011年11月，颜宁在美国霍华德·休斯研究所的科研基地珍妮莉娅·法姆研究院
··········
下图3 ▼
2012年4月，颜宁在清华大学医学院门口（赵永新 摄）

下图1 ▼
2014年5月，颜宁在办公室（赵永新 摄）
··········
下图2 ▼
2016年5月，颜宁在清华园（赵永新 摄）
··········
下图3 ▼
2017年10月，颜宁在清华大学医学院（赵永新 摄）

　　"细胞是最基本的生命单元，细胞内还包括具有一定结构和功能的细胞器，如线粒体、内质网等。"颜宁解释说，细胞和细胞器的周围包裹着一层极薄的生物膜，这层薄膜主要由蛋白质分子和磷脂双层分子组成。脂质双分子层在细胞或细胞器周围形成一道疏水屏障，将其与周围环境隔离起来，糖、氨基酸、离子、药物等大部分的亲水性化合物要想通过这道疏水屏障，都必须依靠一类特异膜蛋白——转运蛋白的介导。"因此，转运蛋白在营养物质摄取、代谢产物释放以及信号转导等细胞活动中起着重要作用，大量疾病都与转运蛋白功能失常有关；在药物研制中，转运蛋白还是诸如抗抑郁剂、抗酸剂等许多药物的直接靶点。我们的研究，就是用生物结构学等方法，解析转运蛋白的化学结构和工作机理，揭开微观生命活动的奥妙。"

　　"刚开始建实验室的时候，我都快疯掉了。"颜宁笑着说，那时候真是"白手起家"：装修实验台、订购仪器试剂、手把手教学生做实验……其波折之多、进展之慢，让急性子的她直抓狂。"后来一切步入正轨后，就顺畅得多了，感觉做东西跟国外没什么区别。"

膜蛋白

　　"跟国外没什么区别"的，还有科研上的高产。自2007年以来，颜宁实验室已经在《自然》《科学》《细胞》等三大顶尖学术刊物上发表论文多篇，解析了膜蛋白结构、功能机理，取得了一系列突破性进展。其速度之快、水平之高，令国内外同行刮目相看——

　　2009年，她与施一公合作在《自然》发表论文，阐述了甲酸盐转运蛋白的三维结构，发现了类似水通道的转运蛋白的存在形式。

同年，她在《自然》子刊上发表了关于植物激素脱落酸受体PYL蛋白的结构及其生物学机制；这一发现及其后续研究成果，与同年欧美、日本的同类研究成果一起入选《科学》杂志评选的"2009年科学十大进展"。

2011年3月，颜宁和清华大学生命学院王佳伟副研究员合作领导的科研小组，在《自然》发表论文，在世界上首次解析了NAT家族蛋白UraA的晶体结构，由此解决了困扰广大生物学家的一大难题。

2012年1月，颜宁与施一公、美国普渡大学朱健康教授合作，在《科学》发表论文，揭示了转录激活因子样效应蛋白（TALE）特异识别DNA的分子机理。

"这一发现非常让人激动！"颜宁的兴奋之情溢于言表，"之前我们一直在做非常基础层面的研究，距离实际应用比较远，但这次的发现具有广阔的应用前景。"

TALE是一种植物病菌进入宿主细胞的受体蛋白，它的结构不仅漂亮，而且非常特别：如果把它的氨基酸变一变，它就能识别不同的DNA碱基。"也就是说，这个蛋白与DNA序列有特殊的对应关系，为治疗重大疾病提供了新的思路。比如艾滋病病毒，它进入人体细胞是需要受体蛋白的，如果能把受体蛋白的某个基因敲除掉，这个细胞就可以免受病毒的感染，而基因敲除已经是很常规的生物手段。"

令颜宁倍感兴奋的，还有这篇论文的完成速度之快：仅用一周就写完了。"大部分论文都要花两三个月的时间，这篇文章只用了7天！当时我感觉很爽，整个人都亢奋了。7天之中4天没回家，白天黑夜连轴转，实在困得不行了就在办公室的沙发上打个盹儿，然后继续干。"

做科研真的很享受

2010年8月，清华大学聘请国际同行对其生物医学研究方向进行评估，年轻教授颜宁给他们留下深刻印象："无论以哪个标准衡量，她已位居世界最优秀的年轻结构生物学家之列""未来5年到10年，她将是杰出青年女性科学家的榜样。"

如此骄人的成绩是如何取得的？

"最重要的还是专心、专注。"颜宁说，每天除了回家吃饭、睡觉，她差不多有14个小时"宅"在实验室里，亢奋的时候会几天待在实验室不出来。

这样的生活不苦吗？

"别人老说苦不苦，其实我就觉得只要你做得高兴就不觉得苦。"她说，"所谓苦，就是你做你不想做的事呗。别人可能会觉得做实验很枯燥，但我自己很开心，就跟别人打游戏似的，着迷嘛。"

在颜宁看来，做科研跟艺术创作一样，是很美妙、很激动人心的事："当你把细胞里那些只有几个到几十纳米大小的蛋白质分子解析出其原子分辨率的结构、在电脑上放大几亿倍之后，清清楚楚地看到这些美丽的构造如何行使复杂的功能，你总忍不住要感叹大自然的神奇！很多时候，她的精妙设计远远超出了我们的想象！而你是世界上第一个揭示出这些大自然奥秘的人，那种成就感和满足感是难以言喻的。"

让颜宁着迷的另一个原因，就是做科研时的简单、轻松、自由。"做科研会让你身心都很轻松，喜怒哀乐都变得特别简单。在实验室里，我的脑子很轻松，不用去想任何其他的东西。你会感觉到，这个世界就是你的，就看你的思维有多广阔，能走到哪个地方，没有其他任何限制。总之，是一种挺美好的感觉。"

回顾这几年的工作，颜宁很感激清华大学。"刚回来那几年，赵南明老师给我争取了非常好的起步条件，不用花太多时间和精力去申请经费，从而能专注于实验室的建设。施一公担任生命科学学院院长后，就像一棵大树一样撑起一片绿荫，让大家不用操心乱七八糟的事儿，一门心思做研究。"

"我的同事们也都很出色，大家合作得很愉快。"说到这里，颜宁笑了，"刚开始那几年我不太愿意跟人合作，生怕别人说自己不'独立'，现在想想还是不够自信。这两年我更有信心了，可以更洒脱地合作了，因为真的是1+1大于2。"

"我觉得自己很幸运。"颜宁说，除了清华大学的老师、同事，自己一直得到北生所的王晓东、美国杜克大学的王小凡等多位老师的关心、指点。"他们都对我挺好的，所以我就觉得自己不能让他们失望。"

继续"宅"下去

在外人眼里，颜宁已经做得相当不错，但她自己并不满足。"细菌膜蛋白已不能激发自己的成就感，现在我正带领实验室向人体膜蛋白方向转移。虽然做人体膜蛋白技术上的难度也更大，但更有现实意义。"

至于未来的奋斗目标，她的答案是：不再与同行"撞车"。"这几年基本上是在与国际同行赛跑，同一个课题就看谁能先做出来。什么时候你能自己开辟一个新领域，不跟人'撞车'了，就说明你真的是独树一帜、遥遥领先了。"

"现在的精力已大不如以前。"爱说爱笑的颜宁有了强烈的紧迫感，"我刚回国的时候感觉熬夜没有什么，但现在熬一次夜需要两三天才能缓过来，老觉得身体酸酸的，提不起劲。其实做科研的黄金时间可能就那么几年，所以还要继续'宅'下去，把好钢用在刀刃上。"

2012年年初完成初稿，2018年夏修改。

本文除了注明摄影者的图片，其余均由颜宁女士提供。

附

六问颜宁：赴美执教为哪般

这是2017年5月4日颜宁赴美执教的消息传出后，我对她的电话采访。

这不是谣言：自2018年秋天起，清华大学教授颜宁将赴美国，受聘普林斯顿大学，担任雪莉·蒂尔曼终身讲席教授。

在清华大学做得好好的，为何要去普林斯顿？是因为后者给的条件更好、薪水更高吗？

围绕这些问题，我电话采访了颜宁，听听她的真实想法。

一问：什么是雪莉·蒂尔曼终身讲席教授？它与普通教授有何异同？

颜宁：美国大学的教授分助理教授、副教授、教授、讲席教授，一般来说，只有杰出的资深教授才会被授予讲席教授职位，偶尔也有个别非常优秀的副教授能得到这个职位。讲席教授一般会以某位名人或捐赠方的名字冠名，对双方来说都是一个荣誉。

雪莉·蒂尔曼是普林斯顿大学的上任校长，刚卸任不久。我在普林斯顿做研究生的时候，她是分子生物学系的教授，我们这个班是她教过的最后一个班，之后她就去当校长了。雪莉在普林斯顿非常受尊重，学校新建了一座过街天桥，就是以她的名字命名的。

说来非常巧，我不仅是第一个以她的名字冠名的讲席教授，而且普林斯顿分给我的空间就是她当年在系里做科研时候的实验室。

二问：到普林斯顿大学执教，是您主动申请的，还是他们邀请您的？

颜宁：是他们主动邀请我的。2015年下半年他们邀请我去做学术报告，就在我出发前两周，系主任忽然发邮件问我：愿不愿意回普林斯顿任教？

一般的学术报告都是一天，结果普林斯顿安排了两天，对我进行了面试。很快，他们就让我第二次去，这说明已经决定录用了。我就着开会的机会做了第二次访问，之后很快就给了我正式offer（职位）。

但我在这件事情上一直不慌不忙的，所以一直拖着没有回复。最主要原因是想把在清华的工作做完，当时我在清华最想做的几个方向正好都到了收网阶段，我想集中精力把这些成果都发表出来。

三问：听说德国马克斯–普朗克研究所（简称"马普所"）和美国哥伦比亚大学（简称"哥大"）也向您发出过邀请，您为何最终选择了普林斯顿大学？

颜宁：是的，他们都先后向我发出过邀请，但都被我拒绝了。

哥伦比亚大学和普林斯顿大学，基本是前后脚。我去哥伦比亚大学医学院做学术报告，讲完后他们就邀请我：你考虑一下来我们这儿吧。经历正常面试，他们也给了我讲席教授的offer，但我实在是不喜欢哥大所在的纽约市，所以当天就婉拒了。

2016年年初，我非常尊重的一位在德国马普所工作的诺贝尔奖获得者给我发了一封很意外的邮件：他要退休了，邀请我去马普所面试，接替他的教授位置。德国马普所体系是这样：每个研究所有几个正教授，他们轮流做所长，最富诱惑的是在65岁退休之前不用再担心科研经费。他们所两位资深教授要退休了，找接班人，很希望我能去。2016年8月第一次面试后，马上让我去参加第二次面试。但我考虑到自己不想做行政事务，又不会说德语，所以就婉拒了第二次访问。

让我真正心动的，是普林斯顿。因为2007年我离开普林斯顿回国时其实是恋恋不舍的状态，就想着：如果有一天我能回来该多好！这就像2001年我离开清华去普林斯顿留学时的想法一样——那就是有朝一日要回到清华园。

可以说，回普林斯顿是我当年的一个执念，所以当那天晚上11点多我收到普林斯顿的邀请邮件后，突然有点梦想成真的味道，立即给几位朋友打电话确认自己不是在做梦。

四问：您自己曾多次表示：回清华后的工作条件、研究成果并不比在美国差。既然如此，您为何要放弃清华？

颜宁：的确是这样。我回清华后得到了很好的支持，科研做得顺风顺水。从我2007年回清华，2009年发表第一篇论文，至2017年5月已经在《细胞》《自然》《科学》三大顶尖期刊上发了17篇论文，毕业的博士有7名。我非常感恩清华，这也是我接到普林斯顿的offer后一直迟迟没有答应的最重要原因。

最后选择去普林斯顿，一方面在清华我想攻坚的几个问题都有结果了，算是终结了一个阶段；但毕竟我还很年轻，我很怕在一个地方久了会不由自主产生不可控的惰性。换一个地方肯定会有新的压力，但也许同时会刺激出新的灵感。很多科学家是为了灵感的撞击，每过几年做到一定程度就会换个地方。

清华已经尽最大努力挽留了，问题是：我委实提不出什么条件。我在清华一直顺心满意，根本想不出清华还能对我怎么更好。

所以，离开清华不是因为我不喜欢清华。我之前有两个梦想：一个是回清华做科研、教学生，这个梦想已经实现了；还有一个，就是再回普林斯顿，这个梦想还没有实现，所以我就很简单地想圆这个梦。

当年在普林斯顿留学，我是从学生的角度去看她；现在有机会从另外的角度去体验，我愿意去尝试。尽管不知道未来会是什么样子，但是我很憧憬。

这听起来似乎有点不严肃，但事实就是这样子。

五问：普林斯顿会给出更好的工作条件和生活待遇吗？

颜宁：我根本不担心在普林斯顿得不到应有的支持。支持条件、生活待遇不是我考虑的因素。

可能与家庭教育以及我比较欣赏道教的一些哲学思想有关，我这个人从来没有多高的物质需求，吃饱穿暖、住有所居，足矣。我的性格就是这样，喜欢的事情我就尽量去做。

你知道，清华对我的支持一直蛮大的。有美国的朋友甚至提醒我：你在中国得到的支持会超过美国。

但是，又能怎样？我能失去什么呢？

六问：您如何理解"科学无国界，但科学家有国界"？

颜宁：我迄今从事的都是非常基础的科研工作。我想，科学研究特别是基础研究，所做出的成果真的是对全世界、全人类的贡献。目前我们理工科教材里的绝大部分成果，都是西方人做出来的，对吧？现在到了中国人对世界文明作出自己的贡献的时候了。我非常开心我们在清华的一些成果已经入选了教科书。无论我将来在普林斯顿是否还能做出更重要的成果，我的独立科研生涯都是在清华起步的，这是无法更改的历史。就好像我在清华做出的成果，别人也会说这是普林斯顿培养出来的颜宁。所以未来不论我在普林斯顿做出什么样的成果，那都是清华出来的颜宁。更何况，在这个网络异常发达的世界，我们还不是会为许多外籍华人的成就感到荣耀？

我觉得，在国内不一定更爱国，出国不一定不爱国。不管在哪里，我都是颜回后人、华夏子孙。其实，我对于归属感看得很重。作为颜回第77代后人，我就很有归属感，能够寻根溯源知道我从哪里来，这是很奇妙的一种感觉。

这么说吧，清华和普林斯顿这两个美丽的校园都在我的成长过程中起了至关重要的作用，在我18岁之后的绝大多数岁月，或者住在清华，或者住在普林斯顿。清华是我的家，普林斯顿也是我的家。我已经在清华待了10年，差不多正好是时候让我以不同的身份回到另外一个家，是时候再沉淀一下，汲取不同的营养，再经历一段成长——就这么简单。

刘颖：

我没把自己当成
"小女人"

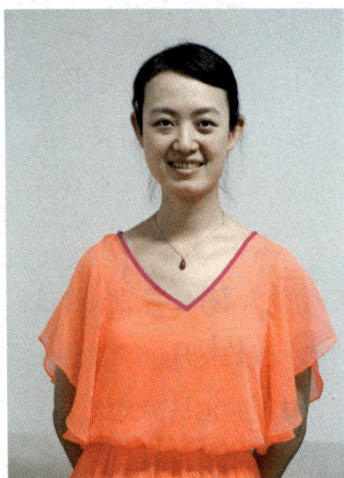

（赵永新 摄）

刘颖，女，汉族，1984年出生于陕西省西安市。北京大学分子医学研究所线粒体与代谢研究室主任，北大－清华生命科学联合中心研究员，霍华德·休斯医学研究所国际研究学者。

2006年毕业于南京大学生物系；2011年获美国得克萨斯大学西南医学中心生物化学博士；2011年8月—2013年12月，在美国麻省总医院和哈佛大学医学院做博士后研究；2013年12月回国。

刘颖的研究领域为细胞应激和稳态调控，取得的主要成果是：发现细胞存在线粒体功能监察机制并部分阐明其机理，发现细胞感知氨基酸匮乏的调控蛋白并证明其在衰老和癌症发生时的重要作用。

　　刘颖是我采访过的最年轻的女科学家。29岁成为北京大学博士生导师，33岁成为美国霍华德·休斯医学研究所国际研究学者——她一定是位干起活来不要命、一心扑在科研上的"女汉子"吧？

　　面前的刘颖彻底粉碎了我的猜想：粉红色的裙子，说话和声细语，不仅是优秀的科学新星，而且是非常称职的妈妈；既给小学生上科学课，还在工作之余跑马拉松……

　　究竟是怎样的特质，让她如此"要风有风，要雨有雨"？

科研像一场马拉松

　　"中学时我就对生物有兴趣，考大学时铁了心要读生物专业。"刘颖回忆说，2002年，她报考南京大学，只填了生物这一个专业方向，且"不服从调剂"。当时她的高考成绩已超过北大、清华的录取分数线，但那几年生物专业的录取分数线极高。为了学生物，她放弃了这两所许多人梦寐以求的顶尖大学，上了南京大学生物系。

　　大学毕业后，她考到美国得克萨斯大学西南医学中心，师从刘清华教授读博士。留学第一年不能一次性听懂英文授课，她就利用晚上的时间，花两三个小时来回听录音，直到听懂为止；刚进实验室时，她甚至不会做最基本的转化实验，周末实验室没有其他人，只好向隔壁实验室的师兄求助。

　　与后面的困难相比，这些都不算什么。"我读博的前两年做得挺拼挺辛苦的，当时前后做了四五个课题都不顺，怎么做都不对，一直拿不到理想的实验结果。"刘颖甚至开始动摇：要不要换个专业？至少投入和付出能有些回报。

　　性格好强的她并没有屈服。她换个角度思考失败的意义：实验没有做成功不能说明没有收获。就像爱迪生尝试各种材料做灯泡一样，失败是个试错的过程。那时候刘颖非常拼命，每天做实验到晚上十一二点。她在心里对自己说：如果早一点发现这个实验是走不通的，那我可能就早一点走到正确的路上了。

拐点在两年之后出现：别人尝试多次都没有结果的一个课题，刘颖做了不久就成功了。相关论文于2009年夏天顺利在《科学》杂志发表，刘颖的科研之路由此峰回路转。

在哈佛大学医学院跟加里·鲁弗肯教授做博士后研究时，她把线粒体作为以后的研究方向。线粒体是为细胞提供能量的细胞器，受损后极易引发神经性疾病或心血管疾病。回国至今，刘颖不但延续了她在线粒体领域的研究，同时也投身新的研究领域探索细胞对营养物质感知的机理及其生理意义，先后在《自然》《细胞》等杂志发表多篇论文，取得多项原创性成果：首次证明了神经肽介导了神经细胞内线粒体抑制激活其他组织的细胞非自主性应激反应，发现了线粒体损伤的隔代遗传现象，发现调控细胞感知氨基酸水平的新蛋白并证明其对衰老和乳腺癌发生的影响……

"我当然期望自己的研究成果最后能应用到临床上，但现在还处于最初、最基本的研究阶段，距离药物研发还很遥远。"刘颖说，"科研像一场马拉松，认准了这条路，再辛苦也要坚持跑下去。"

让孩子们保持对科学的好奇心

"可能再过20年，学生们还会给我发邮件。能听到他们的职业有发展，生活也美满，想想都是开心的。"刘颖对教师这份职业充满自豪。

上图1 ▲
2015年8月23日，刘颖在北京鸟巢世锦赛场边拍照留念

上图2 ▲
工作中的刘颖（赵永新 摄）

上图3 ▲
2017年5月24日，刘颖在北京大学实验室内和她第一个博士
毕业生贠涛合影

上图1 ▲
2016年10月30日，刘颖跑完半程马拉松后在鸟巢留影（吴岩 摄）

上图2 ▲
刘颖（前排左一）和她的工作团队

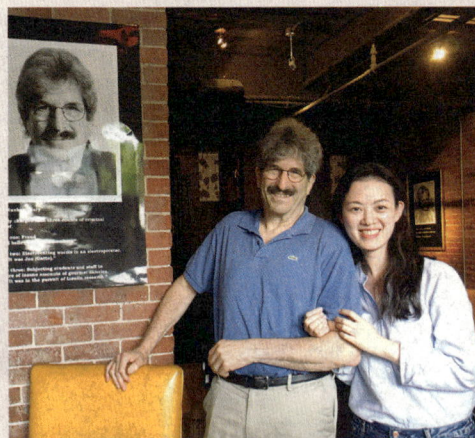

上图1 ▲
刘颖工作照（赵永新 摄）

上图2 ▲
刘颖全家福

上图1 ▲
刘颖和她的小女儿

上图2 ▲
2018年6月11日，在美国波士顿，刘颖和她的博士后导师、美国国家科学院院士加里·鲁弗肯教授合影

她喜欢讲课，给本科生上生物化学，会加入很多小故事。她讲线粒体，就提到自然界中，有一种叫鱼藤酮的化学物质能抑制线粒体，这种抑制作用使鱼藤酮成为亚马孙人捕鱼的工具。这些贴近生活的例子，让枯燥的知识点变得生动。

也许是看中她在课堂上的用心和亲和力，2017年夏天，科学微信公号"知识分子"的主编饶毅教授联系刘颖，请她来做小学生生命科学视频课程的主讲人。

接到邀请，刘颖起初有很多顾虑。视频课需要大量前期投入，当时她正处在中期考核阶段，10月份还要接受北大-清华生命科学联合中心的国际评估。

"可我想到，科学如今在大众眼中，已不再热门。"刘颖说，孩子本来对大自然充满好奇心，但经过中小学一系列应试教育后，孩子们的好奇心消失了。大家的想法很功利：考高分，毕业找一份轻松又赚钱的工作。"如果我的努力，能让孩子们多保持几年对自然、对科学的好奇心，那也是好事。"

她抛开顾虑，腾出时间为孩子们编写教材，为每节课准备教案。她想打破传统课堂的模式，效仿国外的探究式学习。她来做演示，让家长带着孩子一起完成探索性的小实验。课程设计趣味性强，同时传达环保理念："让孩子们认识环境和生命的相互影响，以及人与环境该维持怎样的关系。"

尽可能地提高效率

每晚7点，刘颖从实验室赶回家中，她的孩子在等着她。

刘颖的女儿那时刚刚一岁多，正是需要陪伴的时候。工作日的每个晚上、周末双休日，她都会放下工作，进入母亲的角色。

这么做的时候她也感到压力。周围的男同事们，工作日晚上10点才下班，周末也在加班。科研进度落下了怎么办？刘颖说，她会有负罪感："想想周围人都那么拼，我为什么还要这样子。"

事业与家庭难以平衡，是很多女性都会面临的困境。刘颖曾经并不担心，认为工作稳定后再要孩子，就能轻松兼顾两者。但孩子出生之后，时间和精力上的消耗依然会影响工作进度，刘颖曾一度为此纠结。

"但问题是，孩子的成长不能错过。她是我生命中很重要的一部分，需要我的陪伴。"刘颖说："所以，我只能在工作时间尽可能地提高效率。"

高效工作，她有自己的秘诀。她注意抓重点，把精力集中在现阶段最重要的事，这样只要花费了20%的时间就能完成80%的工作。一般人都会有思维跳跃的时候，做着手头的事情，又想到去完成另一项任务，在切换思维的过程中耽误了时间。为了充分利用时间，刘颖严格规划。她甚至用计时软件提醒自己：工作25分钟，之后花5分钟时间处理杂事。

她想靠自己的努力，去达到看似无法实现的"平衡"。"人家都有一个幸福的家庭，为什么要让家人为我的工作买单？我希望他们有快乐的家庭生活，所以我只能努力提高效率，把事情做好。"

运动不只是爱好

刘颖看上去有些单薄，很难想象，她的业余爱好竟然是跑马拉松。

刘颖在哈佛大学医学院做博士后时，所在城市波士顿有着浓厚的跑步氛围。创办于1897年的波士顿马拉松，是全球首个城市马拉松比赛。她住在查尔斯河畔，每天从窗口眺望，都是沿河奔跑的人潮。那时科研任务很重，能聊得来的朋友不多，跑步渐渐成了她减压的方式。

在波士顿参加半程马拉松后，刘颖明白了一件事：马拉松和科研很像，都有同样的心路历程："刚开始很兴奋，觉得有意思。几公里后很累，一面心想何必自讨苦吃，一面告诉自己要坚持。最后冲过终点，心里又升起了成就感，想着下次还要报名。"

回国之后，她依然保持着运动的习惯。现在她每周都会坚持去四五次健身房。在平时紧张的科研节奏下，运动是她放松的契机。"我不只把运动当成爱好，它和吃饭、睡觉一样重要。"刘颖说，每天走出健身房后，她能以更饱满的精神状态投入工作。

她也有"小女孩儿"的一面。在达拉斯读博士期间，她迷上了蛋糕裱花。在她眼里，烘焙和科研也很像。美国的厨房里有量杯和勺子，每道程序有固定配方，像个实验流程。蛋糕裱花能发挥人的创造力，她因此专门抽出时间，去上了4期蛋糕装饰的课程。回国工作开始指导学生以后，她也常常拿蛋糕裱花来比喻科研，告诫学生们先集中精力攻克课题最关键的节点，然后再去做那些边边角角的实验，"就像蛋糕装饰，你连蛋糕胚子都还没做好，就急着开始裱花有什么意义呢？"

翻看刘颖的朋友圈，大多是一些生活乐趣的分享。她常有这样的感觉：或许很多人认为，享受生活会影响到她的科研工作。"其实没有。未来我还会发一些文章，用研究成果证明自己。我的确花了一些时间去享受生活，但我在工作上也并不比别人差。"刘颖说。

我没把自己当成"小女人"

作为年轻的女科学家，刘颖自然能感受到来自性别的压力。她坦陈，自己有了实验室后，会感到周围的人对你的期望和认可度没有那么高。大家普遍认为，女教授会更偏向于照顾家庭，而未来那些男教授的发展会更好。

尽管如此，她并没有被压力吓到。"生活上我比较有情趣，但在工作上，我确实没有把自己当成一个'小女人'。"刘颖笑着说，"我比较独立、好强。"

她把这种坚强独立归功于自己的妈妈："她是个普通工人，没有接触过西方的教育理念，但她对待我总是很平等，很尊重我的意愿。在每一件事情上，她都试图让我表达自己的想法，而不是由她来告诉我，该怎么去做。所以在我的人生规划上，每一步我都很清楚自己要做什么，基本上没有问过他们的意见。"

为什么要选择做科研？

"我很享受这种探索未知的乐趣，它使得我的生活总是充满即将揭晓答案的期待。同时，做科研也比较自主、独立。我可以在前人成果的基础上去发挥自己的创造力，依据我的兴趣，自由地决定我想研究什么。"刘颖说，这两点是她热爱科研的理由。

"另外，我很清楚自己想要什么，所以没有走弯路。"刘颖说，从本科开始，她就确定了科研这个大方向。中间经历了不少困难，但因为自己很要强，不愿意屈服，遇到的问题最后都克服了。

对于那些受传统观念影响、在面临人生选择时举棋不定的女生，刘颖给出的建议是：首先想清楚自己想要的是什么，想有什么样的未来，目标定了才有动力。"如果科研对你的人生很重要，就不要顾虑社会和亲友的偏见，保持自信，坚定地走下去。"

2017年夏完成初稿，2018年夏修改。

本文除了注明摄影者的图片，其余均由刘颖女士提供。

许晨阳：

此生最爱是数学

人物
小传

（赵永新 摄）

许晨阳，男，汉族，1981年出生于重庆市。青年数学家，北京大学原北京国际数学研究中心教授，现为美国麻省理工学院教授。

1999年被保送至北京大学数学系，2002年在该系读硕士；2008年，获得普林斯顿大学博士学位，之后到麻省理工学院做博士后研究；2012年入选首批"青年千人计划"，回国加盟北京国际数学研究中心；2018年9月起任美国麻省理工学院教授。2014年，获得国家杰出青年科学基金，并被评为北京大学长江特聘教授；2017年，入选"庞加莱讲座教席"。

许晨阳主要从事代数几何方向的研究，在高维代数几何领域取得一系列突破性的成果，是代数几何方向的青年领军数学家。

获得的主要荣誉有："求是奖"杰出青年科学家奖、中国青年科技奖、拉马努金奖、未来科学奖。

"80后"数学家许晨阳，可谓"一朝成名天下知"。

2017年，他凭借"在双有理几何学上作出的极其深刻的贡献"荣获2017年度未来科学大奖"数学和计算机科学奖"。在此次获奖的三位科学家中，他比施一公、潘建伟都小很多，是唯一的"80后"；他所研究的领域，许多人闻所未闻。

与一般人印象中的数学家形象大不相同，虎头虎脑、浓眉大眼的许晨阳并不呆板。面对闪光灯和摄像头，他尽管略显拘谨，但回答问题时却非常开放坦诚。

"爱情故事我就不分享了。"许晨阳略微腼腆地低下头，"这话说出来可能对太太不是很尊重，但我最爱的还是数学。"

"太太听了会不高兴吧?"有记者打趣道。

"她可能也同意了。"稍后，他笑着补充说："可能。"

这，是2017年10月28日下午许晨阳接受记者采访时的一个小插曲。

2017年度未来科学大奖在颁奖典礼在采访后的第二天晚上举行，许晨阳最后一个出场致辞。听完他简短的致辞，我内心一震：中国又一位数学大师诞生了！

最打动我的，是这一句：沉浸在数学研究中的数学家们，只需要服从数学世界的客观法则。

克服恐惧

1999年，凭借在全国数学竞赛中的优异表现，许晨阳被保送到北京大学数学系。仅用三年时间读完本科后，他师从著名数学家田刚读硕士，并把目标确定为代数几何。

在现代数学分支中，代数几何是一门非常重要而又特别的基础学科，是如何用图形来描绘方程的解，从图形中可以看到很多方程中看不到的性质。"大多数同事都感觉代数几何很难，我就想：去做点大家觉得很难的事情，于是就选择了代数几何。"

硕士毕业后，经田刚推荐，许晨阳到美国普林斯顿大学攻读博士学位，之后到美国麻省理工学院做博士后研究。

看似闪亮的履历背后，其实有许多内心的犹疑。特别是在普林斯顿大学读博士期间，他的研究进展很不顺利。对于数学家来说，没有新颖的突破就意味着籍籍无名的落寞。失望之余，许晨阳对自己产生了怀疑：自己能否在数学圈"混"下去？

他坦陈："当时学数学的很受金融业青睐，我确实考虑过换行业。"

在与自己做斗争的过程中，他一次又一次地似乎看到了希望，又一次次走进死胡同。最终，凭借自己对数学的兴趣，许晨阳选择了坚持。

"山重水复疑无路，柳暗花明又一村"的回环往复培养了他发现问题、解决问题的能力，以及独特的数学审美。做博士后研究后，他的研究之路变得顺畅起来，不时有一些突破——许晨阳开始进入理想的学术状态。

"日本数学家森重文曾说：我想每位数学家都会有明日做不出新东西的恐惧。我当然也有这样的恐惧。"许晨阳说，"我觉得每个数学家，包括科学家——每一个从事创造性劳动的人，都有这种恐惧。"

"人要克服对未知的恐惧。"回顾自己的成长历程，许晨阳领悟到：人一旦克服了对未知事物的恐惧之后，许多事情往往没有那么难、那么可怕。

理论数学家的日常

"中国还只是数学大国，世界一流数学家因为语言问题很难来中国长期工作，中国数学的崛起只能靠中国人。"怀着这样的梦想，许晨阳于2012年回国，加盟创办不久的北京国际数学研究中心并担任副教授，成为该中心招聘的第一位数学家。

作为北京大学的教育改革试点，北京国际数学研究中心采用发达国家通行的终身教职评定体系，为潜心科研的科学家提供了安静的工作环境；"青年千人计划"每年100多万元的经费支持，也让许晨阳心无旁骛。在北京大学一处古色古香、宁静优雅的四合院里，他一边指导研究生，一边从事数学研究。

理论数学家的工作状态是怎样的？是不是像有人描述的那样：手里拿着一张白纸，比画着电脑，一坐就是几个小时？

"这个描述基本上是对的，但我一般很少几小时一动不动。"许晨阳说，"除了吃饭、睡觉、上课，我白天都会待在办公室里。办公室有一台电脑、一块黑板，坐累了就会站起来，在黑板上写写算算什么的。大多时候，要么看别人的论文，要么自己画图、计算、思考。"

"您是不是走在路上也会琢磨问题，一旦有了灵感就马上掏出纸笔记下来？"

"这有些戏剧化。"面对记者的猜想，许晨阳说，"我有了新的想法后，会尽快回到一个封闭的空间进行演算。产生的灵感也许不正确，还需要用数学语言验证。代数几何需要用代数语言把几何图形描述出来，所以有了灵感之后，我会尽快回到办公室里，用代数语言把它描述出来，看是不是百分之百地对。"

"灵光一现的时候是什么感觉？"

"突然有了灵感的时候，觉得整个世界都在为我歌唱。"许晨阳脸上闪着快乐的光辉，"尽管在外人看来我没有什么变化，但我自己心里汹涌澎湃。"

科学家的素质

当然，对于一个数学家来说，灵感并不是频繁光顾的常客，百思不得其解是常态。

"当我感觉研究很难推进的时候，就去指导学生、帮助他们去解决一些问题，这样就会觉得自己还是在做对社会有意义的事情——这对保持一个研究者健康的心理状态是很重要的。"许晨阳说。

除了自己闭门静修，许晨阳非常看重交流。他所从事的双有理几何是代数几何中的一个核心分支，从做研究的角度看，在国际上大概只能和二三十人交流。"我一方面跟合作者通过网络探讨，同时也会出国参加学术会议，听听国际同行的最新进展，看他们的工作是否跟自己的工作有联系、对自己有没有启发。"

作为一名科学家，最重要的素质是什么？

"在我看来，科学家最重要的素质有两个：专注和坚持。"他说，"当然智力不能太低，只要比较聪明就可以。最后能决定他走得远不远的，还是专注与坚持。"

"这可能是我自己的观点。"许晨阳又补充道，"我总觉得智商是改变不了的，所以我自己能做的就是专注和坚持。"

下图1 ▼
2009年春，在美国麻省理工学院做博士后研究的许晨阳（右一）和他的博士生导师贾诺斯·科拉尔（左一）在一起

下图2 ▼
2017年10月，许晨阳在2017年度未来科学大奖颁奖期间演讲

下图3 ▼
2017年10月28日，许晨阳接受电视台采访（赵永新 摄）

上图 ▲
2017年10月28日，许晨阳在接受媒体采访（赵永新 摄）

下图1 ▼
2017年12月，许晨阳在办公室（赵永新 摄）

下图2 ▼
2018年8月，赴美执教前许晨阳在北京大学留影（赵永新 摄）

个人爱好

除了工作，他有什么个人爱好？

"我的个人爱好还是蛮多的。"许晨阳说，自己一直喜欢运动：打篮球和跑步。

"几年前运动的时候把脚弄伤了，现在运动比较少了。"

他的另外两大爱好，是听音乐、看电影。他办公室有个音箱，工作时会放一些爵士乐、古典音乐。他说："我挺喜欢古典音乐，比如巴赫、肖邦啊。但我不是什么专家，只是听着玩儿。"

"我也挺喜欢看电影。"许晨阳说，他自己数过，大概一年能看50部左右的电影，除了特别商业化的之外，一般都会看。

"我想自己的爱好跟'80后'大概没什么太大区别。"他说，"我小的时候花在电影、音乐上的时间更多，但现在我想应该把更多时间花在数学上面。我觉得既然做数学已经到这个程度了，我有责任去推动我们这个方向往前发展。"

"不是说我自己在这个学科多重要，而是说自己做到这个程度，社会也给了我教授这样一个职位，自己还是有一种责任。"许晨阳解释说，优秀的数学家大多数是天赋很高又用功的。"当然不是说强迫自己用功，而是说，一方面你意识到自己有能力去做，这个东西如此得冷、如此得好，自己情不自禁地想去做。同时，我以前看过维特根斯坦的一本传记，书名为《维特根斯坦传：天才之为责任》。我想他可能也意识到：并不是每个人都有数学天赋，如果天赋降临到他们身上的话，某种意义上就有责任去推动数学的发展。"

加入麻省理工学院

就在他荣获2017年度未来科学大奖不久，美国麻省理工学院网站上贴出一则消息：2018年秋天，许晨阳将受聘到该校任教。

这多少让人有些不解。

"这个问题我其实想了很久。"许晨阳说，"首先我加入麻省理工学院并不是因为自己在北大做得不好。回国这几年，我在北大发展得很好。一方面自己的研究做得不错，同时这五年中回国的年轻人越来越多，北京国际数学研究中心做代数几何的学生是以前的好多倍。我感觉种子已经撒下去了，一些人会随着时间成长，慢慢成为这个领域的领导者。"

"另外，中国的代数几何要发展，也需要参与国际合作，取得一定的话语权。"他接着说，麻省理工学院数学系有很国际的一面，所以去那儿一方面出于自己发展的考虑，同时也想帮助中国代数几何的发展。"数学属于基础理论研究，做出任何东西都是全人类的进步。不管走到哪里，我做出来的工作，大家都会说是中国人做出来的。"

"我们应该明白，科学家的国际流动是很正常的。以前发达国家很少在中国招聘教授，说明我们的科研在他们看来还不够好；现在他们到中国挖人，说明中国的科研水平提高了。"许晨阳说，"而且，我现在去并不代表我将来不回来。"

2017年10月完成初稿，2018年夏修改。

本文除了注明摄影者的图片，其余均由许晨阳先生提供。

附

我心中的数学家

——许晨阳在2017年度未来科学大奖颁奖典礼上的致辞

首先，我想感谢各位捐赠人为"数学与计算机未来大奖"的捐助，也感谢未来科学大奖评审委员会的各位评委挑选我作为首届"数学与计算机未来大奖"得奖人。我想这不仅仅是对我个人的表彰，也是对所有年轻数学家的鼓励。

"数学是科学的皇冠。"今天，无论是我们手机信号的传递，医疗成像的分析，还是我们对时空规律的认识，都以数学发展为其先声。数学成为我们理解和探索世界所必须使用的语言。但是对那些热爱数学、从事数学研究的心灵来讲，更吸引他们投身于数学研究的是数学里所蕴含的简洁、优雅和浑然天成的美感。爱因斯坦说过："基础数学的本质是逻辑的诗篇。"逻辑和诗，是数学最重要的两个特质，也是每个数学家的追求。

能够成为一个数学家总是令我心存感激：做自己喜欢做的事情，投身于自己觉得有意义的事业，最后还能以此作为谋生手段。所以我今天致辞的主题就是：我心中的数学家。

这里的数学家，是英语中mathematician的意思，更准确的翻译应该是数学工作者，不一定有成名成家的意思。我们中国人，第一个听说的数学家通常是陈景润，后来上了中学，读了更多数学家的故事，他们慢慢从不食人间烟火变成了扩充人类认知边界的英雄。高斯对二次互反率的证明，伽罗瓦对群和方程的联系，黎曼写出让人着迷的zeta函数，格罗滕迪克在仿佛虚空的地方建成代数几何的万丈高楼。数学历史上的每一步进展，都意味着数学英雄们的远航达到了人类曾经未知的新世界。用希尔伯特的话来说，就是：我们数学家相信，人类必须知道，人类终将知道。

数学家里当然并不是人人都是能够开辟领域，成为解决伟大猜想的数学英雄。但我想，无论是那些站在人类智力巅峰的天选之才，还是只是略微比普通人更擅长数学一点点的大多数学家，每个从事数学研究的人都希望在自己的天赋之内，能够再进一步，证出更漂亮的定理，解决更困难的问题。驱动我们前进的不仅是征服未知的渴望，也有创造过程中震撼我们的逻辑与诗之美。正是在这样的驱动下，数学家专注、坚持、充满古典主义式的浪漫情怀。我想在我们这个时代，能拥有这样一份职业，对于那些追求如此生活方式的人，是相当幸运的一件事情。我曾读过一本数学家写的自传，书里说，对于一个好的数学家来说，无论他有什么样的家庭、信仰、业余爱好，他们内心深处中的人生最重要的部分应该毫无疑问是数学。我相信这是成为一个优秀的数学家的必要条件。

沉浸在数学研究中的数学家们，只需要服从数学世界的客观法则。就像格罗滕迪克所说："构成一个人研究者创造力和想象力品质的东西，是他们聆听事情内部声音的能力。"这里没有等级高下，没有阶层之分，在对未知的探索前人人平等，每个人都拥有绝对的自由。每一个数学家愿意孜孜不倦研究数学的最主要动力不是别的，是我们享受那种日复一日，能够从现实生活中超越出来，去聆听和发现世界运行规律的时刻。

陈省身先生曾说，中国已经是一个数学大国，但21世纪，我们更需要把中国建设为一个数学强国。数学是科技发展的先声。纵观世界历史，没有哪一个科技强国，不是先成为一个数学强国。在这里我想我们要感谢一代代数学前辈承前启后，为中国数学发展所做的努力。我自己也时时不忘作为中国数学人的责任和初心。

最后，我想再一次感谢未来论坛给了我这个机会可以让我今天在这里发言，来表达我对自己能从事数学研究的感恩之情。

谢谢大家！

后记
Postscript

从排斥到喜欢

从没想过自己会从事科技报道，更没想到自己会喜欢上科技报道。

2007年夏，在人民日报社从事环保新闻报道八年的我，因为工作需要，转任科技组（经济社会部科技采访室的前身）副组长。当时我是一百个不情愿，主要原因有二——

一是自己跑环保多年，不仅驾轻就熟，而且对环保情有独钟；

二是自己打小就喜欢文史，上高一后文理分班，我选的是文科，数学还能硬着头皮学，理化都只上了一个学期。专业基础这么差，怎么能做好科技报道？

多亏当时的科技组组长杨健鼓励我：你做事一向认真，跑科技应该没问题。

在他的鼓励下，我赶鸭子上架，开始转岗。

没有想到的是，跑了几年之后，自己居然慢慢喜欢上科技报道了。

最直接的原因，就是在采访中接触到的许多科学家。在与他们的交往中，自己慢慢开始知道什么是科学、什么是技术，并逐渐意识到科技本身和科学文化、科学精神的重要价值。特别是在与科学家接触的过程中，自己被这些科学家的人格魅力所感染、吸引。尽管自己对他们所研究的领域一知半解，但他们所表现出来的特质——真诚、坦荡、朴实的品格，表里如一的家国情怀，独立思考、勇于质疑的思维方式，知难而进、百折不挠的拼搏精神，以及乐观向上的人生态度，既给了我精神上的滋养，又让我意识到：真正的科学家，其实是非常可敬可爱、可亲可近的。

由于科学家所从事的工作非常"高冷"，加上他们绝大部分时间都在实验室里，科学家和普通大众之间总好像隔着一堵无形的高墙——把这些科学家介绍给读者、让更多的人了解他们，就是自己出这本小书的直接动因。我深知自己才疏学浅，难以把科学家写好，但我想：哪怕能展示他们风采的万分之一，让读者看后能有些许启发，也就算没有辜负自己和这些科学家的缘分了。

在此，除了对书中的科学家们表示诚挚的谢意，还要感谢以下诸位——

参与采写的同事。同事蒋建科、赵亚辉、余建斌参与了《钱学森：大师小事》的前期采访，余建斌还参与了《朱光亚：一位沉默寡言人》的前期采访，为文章提供了许多宝贵素材；吴月辉、刘诗瑶分别对《李文辉、隋建华：只管前行　莫问成败》《邵峰：科学的天很高》各有贡献。衷心感谢他们的大力支持。

跟我实习的小朋友。洪蔚琳、王建、张玉洁、方草山、张佳怡、满家辉、赵颖璆、谢婷婷、林婷婷、李宓、方雨薇等在读本科生、硕士研究生跟我实习、参与了多位科学家的采访。他们或整理录音，或拟写初稿，为我节省了很多时间，提供了莫大的帮助。

钱学森之子钱永刚先生、朱光亚之子朱明远先生、国家自然科学基金委员会的郝红全先生、中国石化石油化工科学研究院的侯明铉先生和清华大学的郭璐女士。感谢他们费心费力，提供了许多珍贵的照片。

中国科协调研宣传部部长郭哲、中国科学技术出版社社长秦德继。感谢他们为本书出版提供的热情支持和宝贵建议。

本书的三位编辑——中国科学技术出版社符晓静、范晓丽、肖静女士。感谢她们以"打扮女儿出嫁"的愿心，不辞劳烦、精益求精、力求完美，在编辑过程中付出了大量心血。

中国科协名誉主席韩启德先生。感谢他在百忙之中不吝赐教，热忱作序。

我的父母、岳父岳母。为让我能安心工作，他们轮流来北京为我看孩子、做家务，感谢他们的无私付出。那些年自己忙于工作，没能拿出更多时间陪伴爱人和儿子，既感且愧。

感谢我所供职的人民日报社给我提供了难得的工作舞台和采访机会，感谢我先后工作过的教科文部、经济社会部的领导、同事，他们的敬业精神和职业素养，让我深受教益。

这是我在20多年的记者生涯中出的第一本小书，难免青涩，不足、不妥之处敬请读者朋友谅解、指正。

赵永新

2018年12月31日于北京